数字时代

浙江省银行卡产业创新和发展报告

（2020）

The Innovation and Development of Bank Card Industry in Zhejiang Province

中国银联浙江分公司　编著

上海交通大学出版社
SHANGHAI JIAO TONG UNIVERSITY PRESS

内容提要

  本书全面介绍了2019年浙江省银行卡产业的发展概况，重点阐述了浙江省银行卡产业的创新领域和成就，由环境篇、市场篇、机构篇构成。环境篇主要分析了我国宏观经济金融环境和浙江省经济金融以及支付行业新的情况和变化趋势。市场篇主要阐述浙江省银行卡产业发展基本状况、重要举措、主要创新和发展趋势。机构篇主要介绍了浙江省各家银行、非银行机构和专业服务机构的创新和发展新举措。

图书在版编目（CIP）数据

数字时代：浙江省银行卡产业创新和发展报告：2020 / 中国银联浙江分公司编著.
—上海：上海交通大学出版社，2020
ISBN 978-7-313-23874-0

Ⅰ.①数… Ⅱ.①中… Ⅲ.①银行卡—银行业务—研究报告—浙江—2020
Ⅳ.①F832.24

中国版本图书馆CIP数据核字（2020）第195404号

数字时代
浙江省银行卡产业创新和发展报告（2020）
SHUZI SHIDAI
ZHEJIANGSHENG YINHANGKA CHANYE CHUANGXIN HE FAZHAN BAOGAO(2020)

编　　著：中国银联浙江分公司			
出版发行：上海交通大学出版社		地　　址：上海市番禺路951号
邮政编码：200030		电　　话：021-64071208
印　　制：上海天地海设计印刷有限公司		经　　销：全国新华书店
开　　本：787mm×1092mm　1/16		印　　张：10.25
字　　数：197千字		
版　　次：2020年10月第1版		印　　次：2020年10月第1次印刷
书　　号：ISBN 978-7-313-23874-0		
定　　价：88.00元		

编委会

编委会主任

杨长岩

编委会执行主任

徐承彦　关　欣

编委会委员（排名不分先后）

邵锦华　陈庆飞　蒋中良　叶　进　吴　斌
鲍　飞　范　杭　郭延斌　傅承锋　俞　军
吴月香　周继勇　江　波　程　杰　金轩宇
张汝龙

主编

郑旭军

审稿

陆萍萍　马　杉

撰稿（排名不分先后）

陈　慧　姚　可　夏彦霞　陈烨挺　邵婧儿
周孟斌　候正心　何路伟　徐　军　陈　敏
饶　樱　徐　亮　龚舒吉　张俊瑜　陈　静
莫力克　夏维敏　李　弋　黄　恒　吴　悦

支持

拉卡拉支付股份有限公司浙江分公司

易生支付有限公司杭州分公司

银盛支付服务股份有限公司杭州分公司

福建国通星驿网络科技有限公司浙江分公司

杭州市公共交通云科技有限公司

序
preface

　　2019 年，是中华人民共和国成立 70 周年，也是全面建成小康社会和实现第一个百年奋斗目标的关键之年。2019 年，在全球经济震荡发展的大环境下，中国银行卡产业依然取得了骄人的业绩，稳步发展的同时加速向移动端迁移，金融科技与开放生态结合，推动产业创新发展，金融支持实体经济力度不断增强。对浙江省支付产业来说，2019 年也是锐意进取、转型发展之年。在"稳增长、促改革、调结构、惠民生、防风险、保稳定"的指导思想下，浙江支付产业各方协同发展，积极构建支付生态，以赋能产业创新引领新时代支付市场有序发展，以完善风险防控体系促进产业生态持续净化，以开放促竞争，以竞争促繁荣，在支付产业由卡基向账基迁移的数字化发展进程中，推进新时代联网通用。

　　2019 年，中国人民银行杭州中心支行倡导和践行守正创新，浙江省银行卡产业朝着打造浙江数字经济"一号工程"的总体目标昂首挺进，扎实维护支付体系稳定运营，支持鼓励支付业务开拓创新，持续推动支付市场开放包容，有序促进支付市场良性竞争，全力保障支付市场稳步发展。为践行"支付为民"理念，深入开展"移动支付之省"建设，更是把移动支付普及应用推向新台阶，进一步夯实支付清算基础设施建设，积极推进长三角金融一体化，持续改善城乡支付服务环境。移动支付便民工程作为"移动支付之省"建设中重要一环，各领域场景建设取得了重要突破，移动支付在全省各地、各行各业、各生活场景遍地开花，改善持卡人支付体验的同时，也为产业各方参与者带来丰富的商业价值，银行和银联作为支付产业主力军、主渠道的积极作用得到充分彰显，在浙江经济由高速发展向高质量发展的转换进程中发挥着重要作用。

展望未来，我们比以往更加真切地感受到数字化的影响力和移动支付的生命力，也更加感受到移动支付对数字经济发展的重要性和历史使命感。《数字时代：浙江省银行卡产业创新和发展报告（2020）》不仅向我们全面展示了2019年浙江省银行卡产业的创新和发展成果，同时也向我们揭示了浙江省银行卡产业面临的机遇和挑战。希望浙江省银行卡产业各方凝聚合力、不忘初心、锐意进取、再接再厉，为浙江经济高质量发展做出更大的贡献。

2020 年 6 月

目　录

第三篇　机构篇

ENVIRONMENT

第一篇

环境篇

第一章 宏观经济运行情况

Macro Economy

2019 年，是中华人民共和国成立 70 周年，是全面建成小康社会、实现第一个百年奋斗目标的关键之年。回望这一年，国际形势错综复杂，多边主义和单边主义之争日渐尖锐，中美贸易摩擦持续升温，全球经济运行呈现低迷走势；国内经济下行压力持续加大，消费增速减缓，有效投资增长乏力，面临的风险挑战明显增多。面对内外矛盾叠加的复杂局面，在以习近平同志为核心的党中央坚强领导下，全国深入贯彻落实党中央、国务院决策部署，按照新发展理念和推动高质量发展要求，坚持稳中求进工作总基调，深化供给侧结构性改革，全面做好"稳就业、稳金融、稳外贸、稳外资、稳投资、稳预期"工作。

第一节　宏观经济总体平稳 [1]

2019 年，我国经济运行总体平稳、稳中有进，主要预期目标较好实现，全面建成小康社会取得新的重大进展。在全面推进"六稳"工作的推动下，我国经济总量迈上新台阶，人均发展水平突破 1 万美元，综合国力继续增强，国际影响力持续扩大。

一、经济总量接近百万亿大关，经济增速明显高于全球

2019 年，我国国内生产总值 990 865 亿元，按年平均汇率折算达到 14.4 万亿美元，稳居世界第二位；人均国内生产总值 70 892 元，按年平均汇率折算达到 10 276 美元，首次突破 1 万美元大关，与高收入国家差距进一步缩小。

2019 年，我国国内生产总值比上年增长 6.1%，明显高于全球经济增速，在经济总量 1 万亿美元以上的经济体中位居第一；对世界经济增长贡献率达 30% 左右，持续成为推动世界经济增长的主要动力源。全年最终消费支出对国内生产总值增长的贡献率为 57.8%，资本形成总额的贡献率为 31.2%，货物和服务净出口的贡献率为 11.0%。

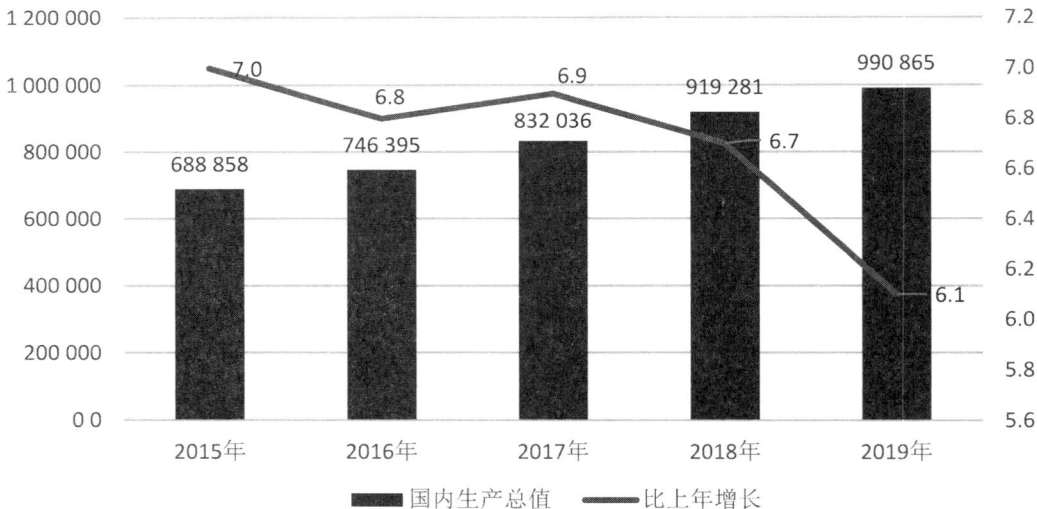

图 1-1　2015-2019 年国内生产总值及增长速度（单位：亿元；%）

1　本小节数据来源：中华人民共和国统计局.《中华人民共和国 2019 年国民经济和社会发展统计公报》。

2019 年，第一产业增加值为 70 467 亿元，增长 3.1%；第二产业增加值为 386 165 亿元，增长 5.7%；第三产业增加值为 534 233 亿元，增长 6.9%。第一产业增加值占国内生产总值比重为 7.1%，第二产业增加值比重为 39.0%，第三产业增加值比重为 53.9%。

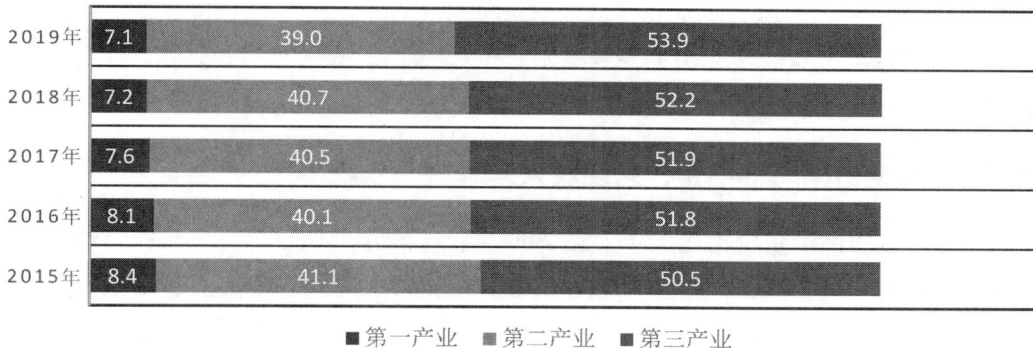

图 1-2　2015-2019 年三大产业增加值占国内生产总值比重（单位：%）

二、新兴产业增加值较快增长，新动能体现持续活力

2019 年，规模以上工业增加值增长 5.7%。在规模以上工业中，分经济类型看，国有控股企业增加值增长 4.8%；股份制企业增长 6.8%，外商及港澳台商投资企业增长

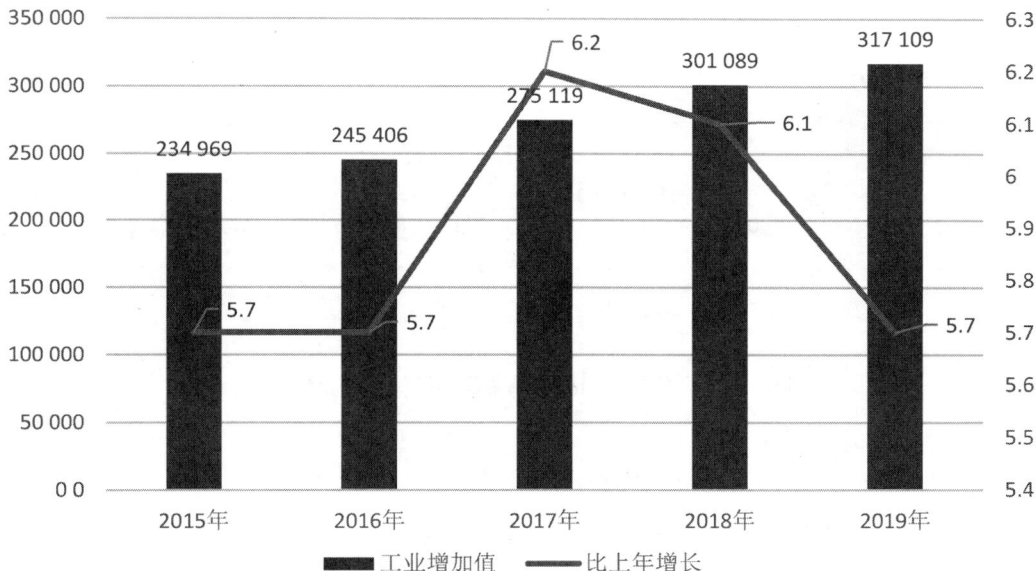

图 1-3　2015-2019 年全部工业增加值及其增长速度（单位：亿元；%）

2.0%；私营企业增长 7.7%。分门类看，采矿业增长 5.0%，制造业增长 6.0%，电力、热力、燃气及水生产和供应业增长 7.0%。全年规模以上工业中，战略性新兴产业增加值比上年增长 8.4%。高技术制造业增加值增长 8.8%，占规模以上工业增加值的比重为 14.4%。装备制造业增加值增长 6.7%，占规模以上工业增加值的比重为 32.5%。全年规模以上服务业中，战略性新兴服务业企业营业收入比上年增长 12.7%。全年高技术产业投资比上年增长 17.3%，工业技术改造投资增长 9.8%。全年服务机器人产量 346 万套，比上年增长 38.9%。全年网上零售额为 106 324 亿元，按可比口径计算，比上年增长 16.5%。

三、居民消费价格总体稳定，居民收入差异进一步缩小

2019 年，居民消费价格比上年上涨 2.9%，低于全年预期目标。全年社会消费品零售总额为 411 649 亿元，比上年增长 8.0%。按经营地统计，城镇消费品零售额为 351 317 亿元，增长 7.9%；乡村消费品零售额为 60 332 亿元，增长 9.0%。按消费类型统计，商品零售额为 36 4928 亿元，增长 7.9%；餐饮收入额为 46 721 亿元，增长 9.4%。

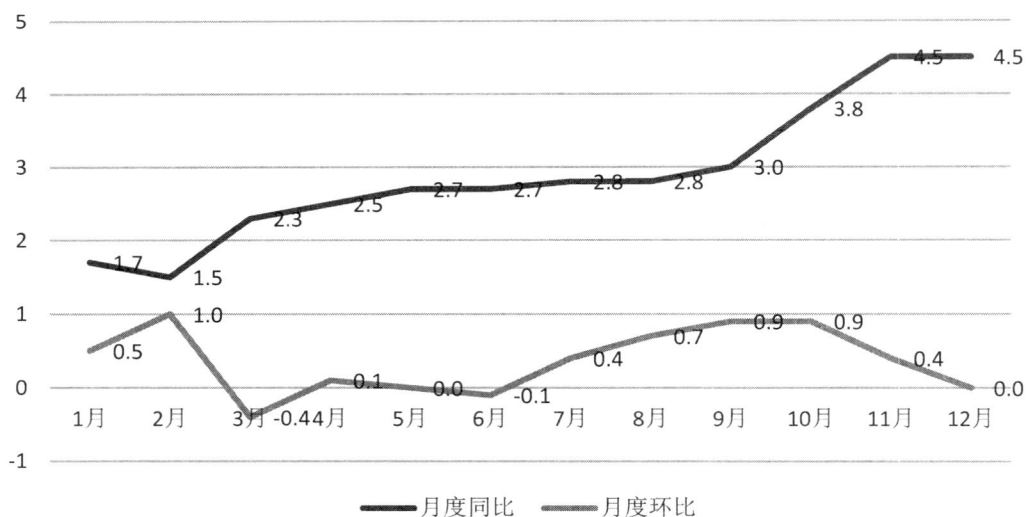

图 1-4　2019 年居民消费价格月度涨跌幅度（单位：%）

2019 年，全国居民人均可支配收入为 30 733 元，比上年实际增长 5.8%，与 GDP 增长基本同步，快于人均 GDP 增速。通过落实个人所得税专项附加扣除政策，居民人均收入水平首次突破 3 万元，居民收入差距进一步缩小。2019 年城乡居民人均可支配收入比值为 2.64，比上年缩小 0.05。

四、社会保障体系持续完善，脱贫攻坚颇有成效

2019 年，全国参加城镇职工基本养老保险、城乡居民基本养老保险、基本医疗保险人数分别比上年末增加 1 581 万、874 万和 978 万人。社会帮扶力度不断加大。2019 年临时救助 918 万人次，资助 7 782 万人参加基本医疗保险，实施门诊和住院救助 6 180 万人次。困难群体住房保障持续推进。2019 年全国各类棚户区改造开工 316 万套，基本建成 254 万套。

2019 年，1 109 万农村贫困人口脱贫，连续 7 年减贫 1 000 万人以上；贫困发生率为 0.6%，比上年下降 1.1 个百分点，向着消除绝对贫困迈出一大步。贫困地区居民收入较快增长。2019 年贫困地区农村居民人均可支配收入 11 567 元，比上年增长 11.5%；扣除价格因素实际增长 8.0%，快于全国农村居民人均可支配收入实际增速 1.8 个百分点。

五、基础设施建设不断完善，移动互联网规模持续扩大

2019 年，高速铁路营业总里程超过 3.5 万公里，占全球高铁里程 2/3 以上；高速公路里程超过 14 万公里，稳居世界第一。邮政快递服务能力提升。2019 年邮政行业业务总量达到 16 230 亿元，比上年增长 31.5%；快递业务量为 635.2 亿件，增长 25.3%。信息通信发展步伐加快。

2019 年，全国完成电信业务总量 106 789 亿元，比上年增长 62.9%。年末全国电话用户总数为 179 238 万户，其中移动电话用户 160 134 万户。移动电话普及率上升至 114.4 部 / 百人。固定互联网宽带接入用户为 44 928 万户，比上年末增加 4 190 万户。全年移动互联网用户接入流量 1 220 亿 GB，比上年增长 71.6%。全年软件和信息技术服务业完成软件业务收入 71 768 亿元，按可比口径计算，比上年增长 15.4%。

六、对外贸易稳中有升，"一带一路"建设成果显著

2019 年，我国货物进出口总额 31.6 万亿元，比上年增长 3.4%，连续两年超过 30 万亿元。贸易结构持续优化。2019 年一般贸易进出口占货物进出口总额比重达 59.0%，比上年提高 1.2 个百分点。服务贸易规模稳步扩张。2019 年服务进出口总额比上年增长 2.8%，服务贸易逆差收窄 10.5%。

2019 年，我国实际使用外商直接投资金额 9 415 亿元，比上年增长 5.8%。自贸试验区引资作用增强，新设 6 个自贸试验区和增设上海自贸区临港新片区，18 个自贸区落地外资企业 6 242 家、利用外资 1 436 亿元，占全国比重均超过 15%。"一带一路"建设成果丰硕。2019 年，我国对"一带一路"沿线国家的进出口总额为 92 690 亿元，

比上年增长 10.8%。双向投资深入发展。2019 年，我国对"一带一路"沿线国家非金融类直接投资额为 150 亿美元，占对外总投资比重比上年提高 0.6 个百分点；"一带一路"沿线国家对华直接投资金额 84 亿美元，增长 30.6%。

七、财政支出结构优化，社融规模保持适度增长

2019 年，全国一般公共预算收入 190 382 亿元，同比增长 3.8%。全国税收收入 157 992 亿元，同比增长 1%；非税收入 32 390 亿元，同比增长 20.2%。其中，国内增值税 62 346 亿元，同比增长 1.3%，国内消费税 12 562 亿元，同比增长 18.2%。全国一般公共预算支出 23 8874 亿元，同比增长 8.1%。其中，教育支出 34 913 亿元，同比增长 8.5%，科学技术支出 9 529 亿元，同比增长 14.4%，社会保障和就业支出 29 580 亿元，同比增长 9.3%。

2019 年，社会融资规模增量 25.6 万亿元，比上年多 3.1 万亿元；社会融资规模存量 251.3 万亿元，比上年末增长 10.7%，其中对实体经济发放的人民币贷款余额 151.6 万亿元，增长 12.5%。

八、供给侧结构性改革取得成效，科技创新环境不断改善

2019 年，全国工业产能利用率为 76.6%，比上年提高 0.1 个百分点。规模以上工业企业资产负债率下降 0.2 个百分点。2019 年教育、生态保护和环境治理业固定资产投资分别比上年增长 17.7% 和 37.2%。"放管服"改革深入推进，微观主体活力不断增强。2019 年新登记市场主体 2 377 万户，日均新登记企业 2 万户，年末市场主体总数达 1.2 亿户。

2019 年，我国位列全球创新指数排名第 14 位，比上年上升 3 位。创新投入较快增长。2019 年全国研究与试验发展（R&D）经费支出比上年增长 10.5%，占国内生产总值的 2.19%。创新成果不断涌现，嫦娥四号探测器在世界上首次成功登陆月球背面，长征五号遥三运载火箭成功发射，雪龙 2 号首航南极，北斗导航全球组网进入冲刺期。2019 年发明专利申请量 140.1 万件，每万人发明专利拥有量达 13.3 件，提前完成"十三五"规划确定的目标任务，科技创新引领作用增强。

第二节 金融运行稳健灵活 [1]

2019 年，宏观金融运行整体向好，结构优化，中长期贷款企稳回升，普惠小微贷款保持较快增长，金融体系服务实体经济的能力明显提升。随着资管新规配套制度体系的逐渐完善，金融机构资管业务平稳有序整改并有所转型升级；同时，货币政策与财政政策相互协调配合，突出逆周期调节，金融服务实体经济的效率提升。

一、社会融资规模保持适度增长，商业银行贷款投放有效提升

2019 年，社会融资规模增量 25.6 万亿元，按可比口径计算，比上年多增 3.1 万亿元；年末社会融资规模存量 251.3 万亿元，按可比口径计算，比上年末增长 10.7%。2019 年，基于金融机构对实体经济的信贷支持力度增强，企业债券多增较多，全年社会融资规模保持适度增长。

表 1-1　2019 年底全部金融机构本外币存贷款余额及其增长速度

指标	年末数（亿元）	比上年增长（%）
各项存款	1 981 643	8.6
其中：境内住户存款	821 296	13.4
其中：人民币	813 017	13.5
境内非金融企业存款	621 147	5.4
各项贷款	1 586 021	11.9
其中：境内短期贷款	47 380	6.6
境内中长期贷款	971 805	13.7

2019 年，金融机构本外币各项存款余额 198.2 万亿元，比年初增加 15.7 万亿元，其中人民币各项存款余额 192.9 万亿元，增加 15.4 万亿元。金融机构本外币各项贷款余额 158.6 万亿元，增加 16.8 万亿元，其中人民币各项贷款余额 153.1 万亿元，增加 16.8 万亿元。其中，对实体经济发放的人民币贷款余额 151.6 万亿元，增长 12.5%。

二、债券市场发行规模扩大，投资者数量进一步增加

2019 年，债券市场共发行各类债券 45.3 万亿元，较上年增长 3.1%。其中，银行

1　本小节数据来源：中华人民共和国统计局 .《中华人民共和国 2019 年国民经济和社会发展统计公报》。

间债券市场发行债券 38 万亿元，同比下降 0.3%。截至 2019 年底，债券市场托管余额为 99.1 万亿元，其中银行间债券市场托管余额为 86.4 万亿元。2019 年，国债发行 4 万亿元，地方政府债券发行 4.4 万亿元，金融债券发行 6.9 万亿元，政府支持机构债券发行 3 720 亿元，资产支持证券发行 2 万亿元，同业存单发行 18 万亿元，公司信用类债券发行 9.7 万亿元。2019 年，银行间债券市场各类参与主体共计 25 888 家，较上年末增加 5 125 家。

三、银行同业拆借同比增长，跨境贸易投资持续增加

2019 年，银行间人民币市场以拆借、现券和回购方式合计成交 1 185 万亿元，日均成交 4.7 万亿元，日均成交同比增长 17.9%。其中，同业拆借日均成交同比增长 9.7%，现券日均成交同比增长 42.9%，质押式回购日均成交同比增长 15.2%。 2019 年底，国家外汇储备余额为 3.1 万亿美元。以人民币进行结算的跨境货物贸易、服务贸易及其他经常项目、对外直接投资、外商直接投资分别发生 4.3 万亿元、1.8 万亿元、0.8 万亿元、2 万亿元。

四、支付系统运行平稳，移动支付增速加快

2019 年，全国支付体系运行平稳，社会资金交易规模不断扩大，支付业务量保持稳步增长。人民银行支付系统共处理支付业务 180.2 亿笔，金额 5 212.5 万亿元，同比分别增长 14.7% 和 13.4%，分别占支付系统业务笔数和金额的 3.2% 和 75.5%。

移动支付业务量增速相对较快。2019 年，银行共处理电子支付业务 2 233.9 亿笔，金额 2 607.0 万亿元。其中，网上支付业务 781.9 亿笔，金额 2 134.8 万亿元，同比分别增长 37.1% 和 0.4%；移动支付业务 1 014.3 亿笔，金额 347.1 万亿元，同比分别增长 67.6% 和 25.1%；电话支付业务 1.8 亿笔，金额 9.7 万亿元，同比分别增长 11.1% 和 25.9%。

五、企事业单位贷款增速回升，普惠小微贷款保持较快增长

2019 年末，本外币企事业单位贷款余额 98.4 万亿元，同比增长 10.5%，比上年末高 0.6 个百分点；全年增加 9.4 万亿元，同比多增 1.4 万亿元。分期限看，短期贷款及票据融资余额 38.4 万亿元，同比增长 9.0%，比上年末高 2.3 个百分点，全年增加 3.3 万亿元，同比多增 1.1 万亿元；中长期贷款余额 57.3 万亿元，同比增长 11.6%，全年增加 5.9 万亿元。从用途看，固定资产贷款余额 42.6 万亿元，同比增长 11.3%，比上年末高 0.5 个百分点；经营性贷款余额 40.1 万亿元，同比增长 6.2%，比上年末高 1.8 个百分点。

2019 年底，普惠小微贷款余额 11.6 万亿元，同比增长 23.1%，比上年末高 7.9 个百分点，全年增加 2.1 万亿元，同比多增 8 525 亿元。2019 年底，普惠小微贷款支持小微经营主体 2 704 万户，同比增长 26.4%，全年增加 565 万户，同比多增 100 万户。

六、绿色信贷保持较快增长，涉农贷款增速回升

2019 年，本外币绿色贷款余额 10.2 万亿元，余额比年初增长 15.4%，占同期企事业单位贷款的 10.4%。分用途看，绿色交通运输项目和可再生能源及清洁能源项目贷款余额分别为 4.5 万亿元和 2.5 万亿元，比年初分别增长 14.3% 和 11.0%。分行业看，交通运输、仓储和邮政业绿色贷款余额 4.33 万亿元，比年初增长 16.2%；电力、热力、燃气及水生产和供应业绿色贷款余额 3.1 万亿元，比年初增长 9.3%。

2019 年，本外币涉农贷款余额 35.2 万亿元，同比增长 7.7%，比上年末高 2.1 个百分点；全年增加 2.7 万亿元。2019 年底，农村（县及县以下）贷款余额 28.8 万亿元，同比增长 8.3%，比上年末高 2.3 个百分点，全年增加 2.4 万亿元；农户贷款余额 10.3 万亿元，同比增长 12.1%，比上年末低 1.8 个百分点，全年增加 1.2 万亿元；农业贷款余额 4.0 万亿元，同比增长 0.7%，比上年末低 1.1 个百分点，全年增加 714 亿元。

七、房地产贷款增速平稳回落，经营性贷款平稳增长

2019 年，人民币房地产贷款余额 44.4 万亿元，同比增长 14.8%，增速比上年末低 5.2 个百分点，连续 17 个月回落；全年增加 5.7 万亿元，占同期人民币各项贷款增量的 34.0%，比上年全年水平低 5.9 个百分点。2019 年，房地产开发贷款余额 11.22 万亿元，同比增长 10.1%，增速比上年末低 12.5 个百分点。其中，保障性住房开发贷款余额 4.61 万亿元，同比增长 6.7%，比上年末低 22.8 个百分点。个人住房贷款余额 30.1 万亿元，同比增长 16.7%，比上年末低 1.1 个百分点．

2019 年，本外币住户经营性贷款余额 11.4 万亿元，同比增长 12.5%，比上年末高 0.2 个百分点，全年增加 1.3 万亿元，同比多增 1 703 亿元。住户消费性贷款余额 44.0 万亿元，同比增长 16.3%，比上年末低 3.6 个百分点，全年增加 6.2 万亿元，同比少增 1 055 亿元。

第三节　浙江经济稳中有进 [1]

2019 年，浙江省坚持以习近平新时代中国特色社会主义思想为指导，全面贯彻党的十九大和十九届二中、三中、四中全会精神，坚持稳中求进的工作总基调，坚持以供给侧结构性改革为主线，坚持"八八战略"再深化，深入实施富民强省十大行动计划，全力做好"六稳"工作，扎实开展"三服务"活动，经济社会发展再上新台阶。

一、经济运行整体平稳，居民可支配收入稳步上升

2019 年，浙江省经济运行整体平稳，全省生产总值 62 352 亿元，突破 6 万亿大关，比上年增长 6.8%。其中，第一产业增加值 2 097 亿元，第二产业增加值 26 567 亿元，第三产业增加值 33 688 亿元，分别增长 2.0%、5.9% 和 7.8%，第三产业对 GDP 增长的贡献率为 58.9%。

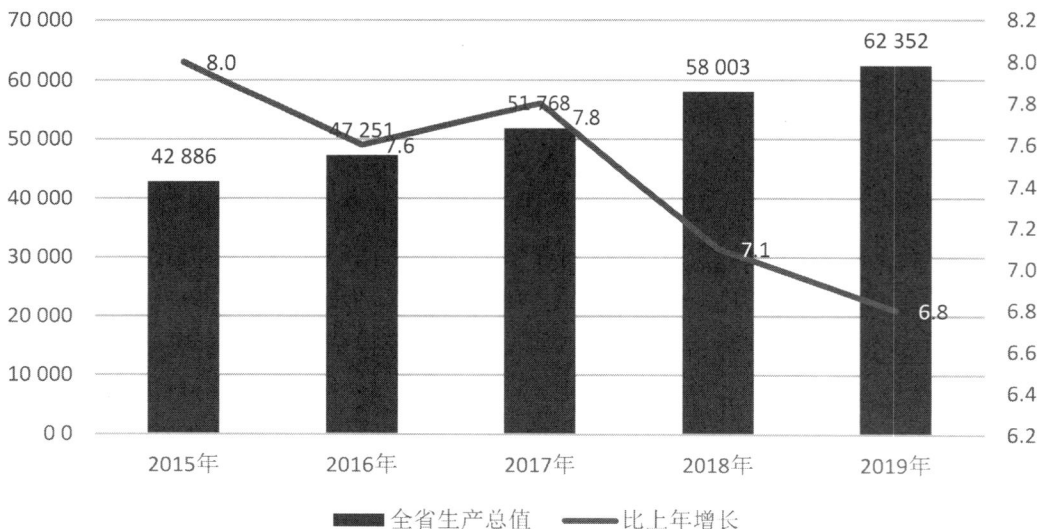

图 1-5　2015-2019 年浙江省生产总值及增长速度（单位：亿元；%）

居民消费价格和可支配收入持续上涨，居民消费价格比上年上涨 2.9%。居民人均可支配收入为 49 899 元，比上年增长 8.9%，扣除价格因素增长 5.8%。城镇和农村居

1　本小节数据来源：浙江省统计局.《2019 年浙江省国民经济和社会发展统计公报》。

民人均可支配收入分别为 60 182 元和 29 876 元，增长 8.3% 和 9.4%，扣除价格因素分别增长 5.4% 和 6.0%。全省居民人均可支配收入中位数为 44 176 元，比上年增加 4 091 元，增长 10.2%。低收入农户人均可支配收入增长 13.1%。

二、供给侧改革继续深化，数字经济新动能加快成长

2019 年，浙江省供给侧结构性改革持续深化，规模以上工业企业产能利用率为 81.3%。规模以上工业中，高耗能行业增加值增长 7.1%。规模以上工业企业资产负债率为 55.1%，规模以上服务业企业资产负债率为 53.8%。规模以上工业企业每百元营业收入中的成本为 83.57 元，下降 0.38 元。交通、生态保护和环境治理业、科学研究和技术服务业投资分别增长 16.3%、19.5% 和 99.1%。

表 1-2　2019 年规模以上工业分产业增加值及增速

产　业	增加值（亿元）	比上年增长（%）
规模以上工业增加值	16 157	6.6
高技术产业	2 254	14.3
高新技术产业	8 805	8.0
装备制造业	6 612	7.8
战略性新兴产业	5 024	9.8
数字经济核心产业制造业	2 074	14.3
节能环保制造业	1 709	5.7
健康产品制造业	714	8.3
时尚制造业	1 252	4.2
高端装备制造业	3 802	5.2
文化制造业	737	4.4

数字经济新动能成长加快，"一号工程"深入实施，"城市大脑"、数字大湾区等标志性项目建设有序推进。以新产业、新业态、新模式为主要特征的"三新"经济增加值占 GDP 的 25.7%。数字经济核心产业增加值 6 229 亿元，按可比价计算比上年增长 14.5%。高技术、高新技术、装备制造、战略性新兴产业增加值分别增长 14.3%、8.0%、7.8% 和 9.8%；人工智能产业增长 21.3%。在战略性新兴产业中，新一代信息技术、新能源、生物、新材料产业增加值分别增长 18.4%、11.9%、11.6% 和 8.8%。网络零售额 19 773 亿元，增长 18.4%；省内居民网络消费 9 984 亿元，增长 18.5%。

三、投资、消费、出口三驾马车动能持续优化

2019 年，浙江省全面实施投资新政，固定资产投资比上年增长 10.1%。非国有投资增长 6.8%，占 66.0%；民间投资增长 7.2%，占 61.5%。交通投资、高新技术产业投资、民间项目投资、生态环保和公共设施投资分别增长 16.3%、21.8%、13.7% 和 4.1%。

消费总额稳中有升，社会消费品零售总额 27 176 亿元，比上年增长 8.7%。城镇消费品零售额 22 432 亿元，增长 8.5%；乡村消费品零售额 4 744 亿元，增长 9.7%。

表 1-3　2019 年货物进出口主要分类情况

指　标	金额（亿元）	比上年增长（%）
货物进出口总额	30 832	8.1
货物出口额	23 070	9.0
其中：一般贸易	18 250	7.6
加工贸易	1 774	−5.3
其中：机电产品	10 131	10.0
高新技术产品	1 605	14.0
货物进口额	7 762	5.8
其中：一般贸易	5 959	7.2
加工贸易	781	−3.9
其中：机电产品	1 372	7.6

对外经济展现活力，货物进出口总额 30 832 亿元，比上年增长 8.1%。其中，出口 23 070 亿元，增长 9.0%，出口占全国的 13.4%，份额比上年提高 0.5 个百分点；进口 7 762 亿元，增长 5.8%。

四、市场主体不断升级，营商环境持续优化

2019 年，浙江省新设企业 49.8 万家，比上年增长 12.3%；新设个体工商户 93.6 万户，增长 18.7%。日均新设企业 1 364 家、个体工商户 2 563 户。在册市场主体达 724.3 万个，增长 10.7%，其中，企业 253.7 万家，增长 13.0%。2019 年新增境内外上市公司 47 家，其中 8 家企业在科创板上市。共有境内外上市公司 578 家，境内上市公司 458 家，成功开展第一批雄鹰行动培育企业 68 家。

全年新设民营企业 47.0 万户，比上年增长 15.8%，占新设企业总数的 94.4%，截至 2019 年底，全省在册民营企业 233.4 万户，增长 14.0%，占全部企业总数的 92.0%。2019 年，规模以上工业中，民营企业工业增加值增长 7.9%，增速比规模以上

工业高 1.3%，占规模以上工业增加值的比重为 62.5%；民间投资增长 7.2%，占全部投资的 61.5%，其中民间项目投资增长 13.7%。

五、财政收入保持稳定增长，减税降费政策成效显著

2019 年，浙江省财政总收入 12 268 亿元，比上年增长 4.8%；一般公共预算收入 7 048 亿元，增长 6.8%。其中，税收收入 5 898 亿元，增长 5.6%，占一般公共预算收入的 83.7%。在税收收入中，企业所得税增长 14.7%，增值税下降 1.2%，个人所得税下降 11.4%。非税收入 1 150 亿元，增长 13.7%。一般公共预算支出 10 053 亿元，增长 16.5%，民生支出占财政支出的 76.2%，其中，节能环保、城乡社区、卫生健康、社保就业支出分别增长 38.4%、40.5%、20.6% 和 17.3%。2019 年完成企业减负 2 280 亿元，比年初计划多减 780 亿元。减税降费政策成效显著，切实为企业减轻了税费负担。

六、就业、养老、社保等保障能力加快提升

2019 年，浙江省城镇新增就业 125.7 万人，超额完成年度目标任务，城镇失业人员再就业 45.4 万人，城镇调查失业率 4.3%。基本养老保险参保人数达到 4 230 万人，比上年增长 3.7%，参保率（96.68%）比上年上升 2.34 个百分点；基本医疗保险参保人数 5 461 万人，增长 1.7%，参保率达 99.61%；参加失业保险、工伤保险、生育保险人数分别为 1 562 万人、2 257 万人和 1 561 万人。

2019 年建成乡镇居家养老服务中心 387 个，新增机构养老床位 3.7 万张。棚户区改造新开工 22.2 万套、建成 11.95 万套，提前完成国家棚改新三年攻坚任务。全面建成退役军人"五级五有"服务保障体系，城乡居民养老保险基础养老金月人均最低标准提高至 155 元，因工死亡职工供养亲属抚恤金月人均提高 110 元。

七、精准脱贫有力有效，美丽乡村建设展新貌

2019 年，浙江省低收入农户收入增长 13%；低保标准实现城乡同标，最低生活保障标准达到每人每年 7 980 元。2019 年末在册低保对象 65.5 万人（不含五保），其中，城镇 19.4 万人，农村 46.1 万人。低保资金（含各类补贴）支出 48.1 亿元，比上年增长 6.2%；城乡低保标准已实现一体化，平均每人每月 814 元。中央和省财政投入补助资金 40.5 亿元，新增各类机构养老床位数 2.9 万张。

全省加快建设美丽乡村，实施乡村全域土地综合整治与生态修复 1 140 万亩，新增农村生活垃圾分类处理建制村 1 775 个，农村生活垃圾分类处理建制村覆盖率 76%，农村生活垃圾回收利用率 46.6%，资源化利用率 90.8%，无害化处理率 100%。此外，新增 A 级以上景区村庄 3 018 个，其中 3A 级 429 个。新增中国历史文化名镇 7 个、名

村 16 个。培育创建美丽乡村示范乡镇 100 个、特色精品村 300 个、高标准农村生活垃圾分类示范村 200 个、历史文化村落保护利用示范村 20 个，乡村面貌焕然一新。

第四节　浙江金融稳步发展 [1]

2019 年，浙江省坚持从系统论出发，努力构建多层次、多元化的金融供给体系，科学合理的金融政策制度体系，严密高效的金融风险防控体系，协同高效的金融工作体系，不断优化金融治理方式，扩大直接融资规模，进一步做优各大行、增强中小银行资本实力，不断丰富优化金融产品和服务，提高金融资源配置效率，共同推动经济金融良性循环、高质量发展。

一、存贷款余额持续上升，社会融资环境优化

2019 年，浙江省金融机构本外币存款余额 13.1 万亿元，比上年增长 12.7%，其中，住户存款 5.4 亿元，非金融企业存款 4.5 亿元。本外币贷款余额 12.2 万亿元，增长 15.1%，其中，住户贷款 5.1 亿元，非金融企业及机关团体贷款 7.1 亿元。全年新增存款 14 727 亿元，同比多增 5 535 亿元；新增贷款 15 808 亿元，同比多增 307 亿元。2019 年主要农村金融机构（农村信用社、农村合作银行、农村商业银行）人民币贷款余额 16 472 亿元，比年初增加 2 526 亿元。2019 年，浙江社会融资规模增量为 22 162 亿元，比去年同期增长 13.7%，增加 2 662 亿元。

表 1-4　2019 金融机构本外币存贷款余额及其增长速度

指　标	年末数（亿元）	比上年增长（%）
各项存款余额	131 299	12.7
其中：住户存款	53 733	15.7
非金融企业存款	45 375	14.9
各项贷款余额	121 751	15.1
其中：住户贷款	50 584	18.9
非金融企业及机关团体	70 669	12.7

1　本小节数据来源：中国人民银行杭州中心支行官网。

二、不良贷款持续"双降"，金融风险总体可控

2019 年，浙江省银行业金融机构本外币不良贷款余额 1 108 亿元，比年初减少 101 亿元；不良贷款率 0.91%，比年初下降 0.24 个百分点。2019 年浙江省公开渠道全年不良资产成交户数 8 412 户，有明确债权金额 7 989 户，占比 95%，对应资产总额 1 793.21 亿元。

三、双支柱调控政策有效落实，金融支持实体力度加大

2019 年，浙江省贯彻落实中央货币政策和宏观审慎政策双支柱调控要求，深化融资畅通工程部署，加强逆周期调节，强化全口径、全方位、全流程信贷增长监测、考核评价和激励约束，加大支持实体经济力度，信贷投向不断优化。2019 年底，全省各项贷款余额增长 15.1%，全年新增贷款创历史新高。聚焦民营、小微企业、制造业等重点领域，牵头制定优化营商环境获得信贷便利化行动方案，联合省工商联建立服务民企五项机制，省、市、县三级联动开展"万家民企评银行"活动，推动新增信贷实现"三增两降"。

四、数字经济发展势头强劲，金融创新改革创新持续深化

2019 年，浙江省数字经济核心产业增加值增长 15%，占地区生产总值比重 10%。率先开展 5G 商用，建设 5G 基站 15 770 个。首个国家新型互联网交换中心试点落户浙江，获批国家数字经济创新发展试验区。浙江省持续深化金融改革创新，形成更多浙江实践、浙江方案，推进浙江金融科技应用试点和金融标准创新建设试点；在全国率先取消企业银行账户许可，开发并推广应用浙江省企业预约银行开户系统，实现企业银行开户"最多跑一次"。区域金融改革亮点纷呈。

五、简化外汇登记管理，优化市场营商环境

2019 年，浙江省从简化外汇登记管理、提高投融资便利性、帮助企业防范汇率风险等方面入手，进一步加大对自贸区的发展支持力度。简化资本项目外汇登记管理，明确自贸区内企业的境内直接投资登记管理和外债注销登记业务可直接到浙江省分局辖内任何一家符合条件的银行办理，进一步降低区内市场主体的制度性交易成本和时间成本；深化资本项目改革创新试点，增强自贸区市场投融资活力，放宽区内非投资性外商投资企业境内股权再投资的限制，在真实、合规的前提下，赋予了区内企业境内再投资的更大自主权，优化外汇金融服务，助推浙江外贸高质量发展。

六、强化"移动支付之省"建设，推动科技金融高质量发展

2019 年，浙江省制定《浙江移动支付之省建设工作方案（2019-2022）》和《2019
年浙江移动支付之省建设工作任务清单》，全面启动浙江"移动支付之省"建设。组
织实施移动支付便民工程，着力突破行业应用，扩大移动支付覆盖面，有力推进"移
动支付之省"建设。同时，积极推动区域金融改革探索，在民间金融、农村金融、贸
易金融、小微金融、绿色金融等多领域实现"全国率先"或"全国首创"，有效解决
区域经济发展过程中突出的金融问题。

第二章

支付产业发展趋势

Development Characteristics

2019 年，全球经济增速放缓，中国经济运行面临诸多内外部挑战，下行压力较大，但总体保持稳中向好。中国银行卡产业由高速度增长向高质量增长过渡，产业各方不断提高规范化经营水平，先进技术及创新支付工具应用广泛推广，不断提升优质支付服务能力。

第一节　支付产业数字化步伐加快

2019 年，支付产业数字化水平逐步加快，银行卡网络延伸至 177 个国家和地区，银行卡全球发行总量突破 80 亿张，交易笔数、交易金额双双再创新高；移动支付产品深入覆盖多个日常生活场景，云闪付 APP 用户数超过 2.4 亿，区块链服务网络、"刷脸付"先后面市为支付产业发展创造更多可能，乡村振兴系列主题卡打通农村个人金融服务"最后一公里"，小微企业卡产品体系满足了民营和中小微企业发展。

一、加快建设支付产业的数字化

数字经济是新时代的一场新经济革命，发展数字经济是浙江经济实现高质量发展、抢占未来发展制高点的重大战略。2018 年，浙江省全面实施数字经济"一号工程"，明确"三区三中心"的发展目标，争创国家数字经济示范省。2019 年人民银行杭州中心支行联合省科技厅、省商务厅、省市场监管局、省地方金融监管局、浙江银保监局，制定《浙江移动支付之省建设工作方案（2019-2022 年）》，成立了由 27 个省级部门和机构组成的移动支付之省建设工作组，以加快建设引领全国、具有全球影响力的移动支付之省为总目标，全面启动移动支付之省建设，聚焦聚力以银行业联网通用标准移动支付为基础的移动支付产业发展，服务经济金融和社会民生。

2019 年，浙江省移动支付业务规模增长势头良好，行业应用全面普及，科技融合创新不断涌现，成为数字经济发展的坚实基础和有效助力。全省共发生移动支付 454.5 亿笔、金额 51.5 万亿元。截至 2019 年底，公共交通领域，全省所有地市和 94% 的县（市）共计 3.8 万辆公交车实现移动支付，高速公路收费车道、长途汽车站线下自助机购票，杭州、宁波和温州地铁实现所有线路和闸机移动支付全覆盖。政务服务领域，"浙里办"平台实现公积金、社保、交通违章处理、非税缴纳等高频支付服务全覆盖，移动支付缴款占比达 88.7%。线上办理缴税业务、办税服务场所、税务自助机等实现移动支付全覆盖。医疗领域，全省 700 余家医疗机构支持移动支付，"健康医保卡"支持全省 11 个地市、197 家医疗机构。教育领域，全省普通高校、中小学校和幼儿园学杂费缴纳、高校校园商贸和外包食堂实现移动支付全覆盖。便民生活领域，全省 2 400 余个停车场、620 个菜场已支持移动支付应用。水费缴纳移动支付普及率达 94.11%，电费缴费实现多入口移动支付全覆盖。

二、数字化时代支付产品更加注重用户体验

面对线下支付场景以及用户多样化的支付选择，必须秉持以客户需求为中心的理念，更加注重客户体验，不断优化产品功能和体验感，让支付类产品真正为客户所需。一方面利用互联网数字化技术快速收集用户反馈、掌握支付产品的口碑和定位，及时发现产品问题；另一方面针对不同金融客户角色，充分利用客户消费路径寻找痛点、发现机会、改善体验。移动支付产品要实现更为简单的操作方式和简洁美观的界面，同时要丰富和优化产品线，优化业务流程和个性化特色，并且注重提高支付产品的安全性。

三、数字化时代支付产业更好地服务新兴市场

支付产业的数字化转型是关键点，在做深做透现有市场的同时，挖掘境内新兴消费市场，一方面结合传统电商节日的支付带动，促进消费类支付的增长，线上消费对用户的渗透率持续增加，电商、餐饮、航旅、商超等行业受到传统电商节日等因素的拉动影响，交易规模持续扩大，这也进一步促进线下交易规模的增长。另一方面，新兴行业的开拓力度不断加深，短视频、直播、保险等行业受到较高关注，除了传统模式的业务加快推进，支付产业推动相关的创新产品开发和建设，成体系的行业解决方案逐渐成型。可以看到的是，支付行业正在努力依托背后平台打造深度产品和服务，特别是对商户和用户的精细化运营受到广泛重视，大数据、云计算、区块链等新兴技术被广泛推广和应用。

第二节　支付生态更加开放共享

数字化转型背景下，全球生态链上的角色都在发生改变，各国各行各业交错重构，形成复杂的人类命运共同体。在不断开放共享的支付行业生态环境中，开放才能包容，合作才能长久，从而实现可持续发展。支付是所有金融活动的基础，是经济行为的起点和终点，在传统产业互联网化转型升级过程中，支付环节的创新变革对于产业生态重构具有关键价值。

一、支付产业双向开放

随着我国跨境支付业务的快速发展和银行卡清算市场对外开放，浙江省支付产业

国际化步伐明显加快。对外有序开放，全国首家合资银行卡清算机构连通公司顺利完成银行卡清算机构的各项筹备工作，如期向人民银行总行提交开业申请。对内造船出海，中国银联已在"一带一路"沿线 60 多个国家和地区开展了银联卡业务。蚂蚁金服与全球各地电子钱包合作服务超过 12 亿用户，并在巴基斯坦上线首个区块链跨境汇款项目。

支付市场开放"双向"特点将逐步凸显，由早期单纯"引进来"，转为"引进来""走出去"并重，境内外多层次、多领域均衡发展将成为产业高质量发展的新特点。外资支付清算机构进入国内市场，并与内资机构共同竞争合作，深耕国内市场，将有助于引入境外服务经验和创新成果，有益于激发内资机构的改革发展动力，共同提升支付服务实体经济的能力。

二、条码支付互联互通提上日程

2019 年 8 月，中国人民银行发布《金融科技（FinTech）发展规划（2019-2021 年）》，要求推动条码支付互联互通，研究制定条码支付互联互通技术标准，统一条码支付编码规则、构建条码支付互联互通技术体系，打通条码支付服务壁垒，实现不同 APP 和商户条码标识互认互扫。条码支付互联互通意味着用户不必再为不满足不同场景的支付需求安装多个 APP，进而可以提升支付服务的效率，更有效地防范安全漏洞。同时，也将改变目前移动支付领域双寡头垄断的格局，促进银行业联网通用标准移动支付和中小支付机构参与竞争。银联和网联分别制定了条码互联互通技术方案，并在成都、杭州、宁波进行试点。中国银行、交通银行先后宣布与中国银联、财付通二者达成合作，实现手机银行扫描微信收款码的支付功能。

三、支付开放平台构建生态圈

得益于应用场景的不断丰富与延伸，移动支付在给日常生活带来巨大便利的同时，参与各方依托集群效应推动打造全方位服务生态圈。依托移动支付能力，附加信用、安全、金融、营销等增值服务，通过引入产业链其他提供商，还可以获得包括咨询、技术支持、对接投资人等全方位服务。中国银联党委书记邵伏军在第七届中国支付清算论坛上，将中国银联定位为开放平台型生态体系。银行业统一移动支付 APP"云闪付"，明确是为各家银行提供入口服务的公共平台，不争抢各行现有 B 端商户和 C 端用户，不排斥各家银行 APP，与各家银行 APP 相互补充、相互导流。中国银联、易宝支付等还专门建设了开放平台，旨在为机构、服务商和广大开发者提供在线网关支付、便民缴费等多种支付产品的分享和数据对接服务，深耕应用场景，探索个性化行业解决方案，构建交叉融合、异业联盟的支付生态圈。

第三节　支付创新迭代不断加快

　　科技创新已成为中国支付发展的重要标志，也是行业向高质量发展转型的有力抓手。科技创新的加速应用带动支付服务能力不断提升，产业发展质量持续提高。2019年，各支付服务市场主体不断推进生物识别、区块链、物联网、人工智能等新兴技术在移动支付领域的创新，促进移动支付产品创新和迭代，提升移动支付便捷性和安全性。

一、技术层面创新

　　2019年，全国信息技术标准化技术委员会生物特征识别分技术委员会发布了《生物特征识别白皮书（2019版）》，成立人脸识别技术国家标准工作组，人脸识别国家标准制定工作全面启动。人民银行杭州中心支行组织开展了对人脸识别线下支付技术标准的安全性、普适性、完备性等应用验证工作，指导中国银联及多家银行在第六届互联网大会期间联合发布人脸识别线下支付安全应用产品"刷脸付"，并将乌镇打造成"刷脸付"体验区。《浙江省金融科技应用试点工作方案》获人民银行总行、国家发改委等六部委正式批复，其中三分之一试点项目涉及移动支付领域。商业银行持续运用手机APP、AI、大数据等创新工具及技术加快向零售银行转型，重点运用科技手段推动支付智慧升级，提升服务的专业性、便捷性和及时性。多家支付机构在生物识别、人脸支付等方面进行探索，进一步提高支付验证效率和用户体验，也在风险控制领域积极运用人工智能技术，不断升级完善"火眼"等智能风控产品，加强与银行在电子发票、区块链等领域的合作，探索 Token 技术在物联网领域的应用。

二、应用层面创新

　　2019年，在人民银行的指导和推动下，支付产业着力提高专业服务水平，构建差异化便民支付体系，提升支付服务的可及性。"云闪付"功能不断丰富，小微商户受理覆盖范围不断扩大，金融服务实体经济的水平显著提升。移动支付便民工程在各省市打造地铁、公交、高速公路等线下精品小额快速支付场景，深入拓展公交、菜场、医疗、校企园区、政府服务等与居民生活密切相关的服务场景；深入广大农村地区，移动支付受理网络不断向县乡和农村地区延伸。产业各方进一步加强协调配合，有效利用支付活动产生的数据和信息将信贷资金服务拓展至无信用卡人群和小微商户等银行传统长尾客户群体。

　　结合省深化收费公路制度改革取消高速公路省界收费站工作实施，各银行机构通过手机银行，或与大型支付机构合作开展 ETC 线上发行。中国银联股份有限公司浙江分公司（以下简称：浙江银联）创新试点"医后付"项目，依托信用卡金融授信体系通过医院自助机具或云闪付 APP 一次性支付诊疗费用，实现院内"零付费零排队"。银联—杭州公交电子客票全国首发，支持用户电子客票优惠组合，满足公众日常出行个性化需求。

第四节　风险防控要求日益提高

随着当前互联网技术和移动设备快速普及、支付场景不断丰富，网络支付业务爆发式增长，滋生了非法网络支付这一新型犯罪。

一、深入推进无证经营支付业务整治

在人民银行杭州中心支行指导下，进一步提升业务合规性和资金安全性，支持其通过收购股权方式获得支付牌照。根据持证机构报送的线索，对 3 家涉嫌无证经营支付业务的机构开展调查，督促存在无证经营支付业务的机构开展整改。组织研判非法经营支付业务案件，配合公安机关破获 3 起非法经营资金支付结算案件，冻结涉案资金 1.82 亿元，获得良好的社会反响。

二、持续防范打击电信网络新型违法犯罪

2019 年，中国人民银行制定出台了《关于进一步加强支付结算管理防范电信网络新型违法犯罪有关事项的通知》，从健全紧急止付和快速冻结机制、加强账户实名制管理、加强转账管理、强化特约商户与受理终端管理、广泛宣传教育、落实责任追究机制等方面进一步加强支付监管，防范电信网络诈骗。省级相关部门制定了专项行动工作方案，提出在开户环节全面应用人脸等生物识别技术、持续开展非法支付业务清理整治工作、严禁为非法交易及无证机构提供支付结算服务等 16 条具体措施，推进源头治理常态化。开展支付机构电信网络新型违法犯罪涉案资金返还试点，累计向受害人返还资金 78 万元。

三、深入开展支付业务督查排查

人民银行总行在全国范围组织开展支付结算管理专项督查，人民银行杭州中心支行在银行机构、支付机构全面自查基础上，组织人员对 26 家人民银行分支行、190 家

银行机构、53 家支付机构开展现场督查，被督查机构数量占比分别达 35.61%、88.78%
和 81.54%，其中，对地方性法人银行机构、法人支付机构的督查实现全覆盖。组织
银行机构、支付机构按季排查为非法交易提供支付服务的线索，重点对总行下发的
12 734 条非法交易线索进行排查，并根据排查结果开展现场核查，持续构建非法交易
排查处置的长效机制。

MARKET

第二篇

市场篇

第三章

银联卡发卡市场发展与特点

Issuing Market

2019 年，银行卡发卡市场经过多年的快速扩张，进入相对稳定的成熟期。一方面第三方移动支付对发卡市场影响程度日益加深，另一方面商业银行对发行信用卡的门槛不断提高，发卡市场发展速度有所放缓。

第一节　发卡市场交易规模

2019 年，浙江地区银联信用卡和借记卡整体交易规模稳步提升，同比 2018 年均呈现小幅增长，但增长速度呈放缓趋势。

一、信用卡发卡情况

2019 年浙江省信用卡发卡量约 1 030 万张，其中银联标准信用卡 870 万张，银标卡占比 83.7%，双标卡占比约 4.5%，单标外币卡占比约 11.8%。其中四大行中，中国银行、建设银行银标卡占比低于 75%；股份制银行中交通银行、中信银行、光大银行、兴业银行银标卡占比低于 70%；平安银行银标卡占比低于 80%。

2019 年浙江地区月均银联活动信用卡 780 万张，与 2018 年基本持平，月均全标活动信用卡 1 006.6 万张，比 2018 年下降 4.5%，银标卡占比 77.5%，比 2018 年提高 4 个百分点。其中平安银行、招商银行、工商银行、农业银行、中信银行整体规模较大，排名靠前。详见表 3-1。

表 3-1　2019 年浙江省银联信用卡卡量情况表

发卡行	2019 年月均活动银标信用卡量 / 万张	2018 年月均活动银标信用卡量 / 万张	活卡同比	2019 年月均活动银联信用卡占比	2018 年月均活动银联信用卡占比	活卡占比同比
平安银行	69.7	70.2	−0.71%	76.85%	76.48%	0.48%
招商银行	64.8	58.3	11.15%	74.39%	69.09%	7.67%
工商银行	62.1	68.4	−9.30%	84.99%	81.34%	4.50%
农业银行	59.8	61.3	−2.49%	73.35%	68.90%	6.46%
中信银行	58.2	49.2	18.31%	83.53%	80.95%	3.20%
广发银行	55.8	56.8	−1.68%	75.18%	68.62%	9.56%
交通银行	54.9	62.3	−11.85%	61.71%	57.02%	8.23%
建设银行	42.5	46.5	−8.62%	57.28%	52.39%	9.35%
省农信社	41.0	48.4	−15.40%	100.00%	100.00%	0.00%
民生银行	39.2	32.5	20.71%	81.60%	76.45%	6.74%
光大银行	37.7	31.7	19.09%	82.20%	77.27%	6.38%
华夏银行	35.9	38.7	−7.05%	90.76%	88.01%	3.13%

（续表）

发卡行	2019 年月均活动银标信用卡量 / 万张	2018 年月均活动银标信用卡量 / 万张	活卡同比	2019 年月均活动银联信用卡占比	2018 年月均活动银联信用卡占比	活卡占比同比
兴业银行	33.9	30.1	12.63%	88.27%	86.00%	2.64%
浦发银行	28.7	26.0	10.16%	56.02%	51.98%	7.77%
中国银行	27.9	30.0	−6.91%	81.57%	78.37%	4.07%
邮储银行	21.3	19.7	7.86%	98.82%	98.42%	0.41%
浙商银行	10.0	11.5	−13.37%	100.00%	100.00%	0.00%
上海银行	6.1	4.4	38.84%	91.61%	91.03%	0.64%
其他银行	5.0	3.2	56.69%	100.00%	100.00%	0.00%
杭州银行	4.8	4.0	20.91%	100.00%	100.00%	0.00%
台州银行	4.5	5.3	−14.27%	100.00%	100.00%	0.00%
民泰银行	3.7	3.1	17.84%	100.00%	100.00%	0.00%
温州银行	3.2	3.7	−15.10%	100.00%	100.00%	0.00%
泰隆银行	2.5	2.7	−7.96%	100.00%	100.00%	0.00%
宁波银行	2.0	1.7	22.41%	98.70%	97.06%	1.68%
北京银行	1.2	1.2	0.59%	94.10%	91.50%	2.84%
金华银行	0.8	0.9	−13.35%	100.00%	100.00%	0.00%
东亚银行	0.7	0.4	56.17%	100.00%	100.00%	0.00%
汇丰银行	0.5	0.3	73.16%	100.00%	100.00%	0.00%
花旗银行	0.4	0.4	−3.15%	100.00%	100.00%	0.00%
江苏银行	0.4	0.2	116.98%	100.00%	100.00%	0.00%
恒丰银行	0.2	0.1	182.57%	100.00%	100.00%	0.00%
渤海银行	0.2	0.1	142.46%	100.00%	100.00%	0.00%
南京银行	0.1	0.1	23.50%	100.00%	100.00%	0.00%
上海农商	0.1	0.1	108.75%	100.00%	100.00%	0.00%
绍兴银行	0.1	0.1	−7.79%	100.00%	100.00%	0.00%
稠州银行	0.1	0.1	−21.90%	100.00%	100.00%	0.00%
渣打银行	0.1	0.1	10.79%	100.00%	100.00%	0.00%
总计	780.0	773.7	0.81%	77.49%	73.39%	5.59%

2019 年浙江地区信用卡交易总金额 14 624.26 亿元，比 2018 年增长 999.95 亿元，其中银标信用卡 10 897.84 亿元，比 2018 年增长 1 354.21 亿元，银标卡占比 75%，比 2018 年提高 4 个百分点。其中平安银行、广发银行、中信银行、招商银行、农业银行银标信用卡交易规模较大，排名靠前。详见表 3-2。

表 3-2　2019 年浙江省银联信用卡交易量情况表

发卡银行	2019 年银标信用卡交易金额 / 亿元	2019 年信用卡交易金额 / 亿元	2019 年银标信用卡金额占比	信用卡占比同比
平安银行	1 123.24	1 484.59	76%	2%
广发银行	845.52	1 185.35	71%	6%
中信银行	790.88	981.44	81%	3%
招商银行	782.37	1 163.77	67%	6%
民生银行	683.32	892.74	77%	6%
农业银行	658.13	968.36	68%	7%
交通银行	643.46	1095.48	59%	5%
工商银行	624.68	802.79	78%	5%
光大银行	617.88	870.00	71%	6%
华夏银行	599.47	645.99	93%	2%
兴业银行	531.81	618.48	86%	3%
建设银行	509.98	893.50	57%	9%
省农信	507.57	507.57	100%	0%
浦东发展	495.63	870.05	57%	2%
中国银行	412.05	556.77	74%	4%
邮政储汇	247.76	251.67	98%	0%
浙商银行	142.72	142.72	100%	0%
台州银行	112.29	112.29	100%	0%
上海银行	78.91	88.20	89%	1%
宁波银行	77.10	78.31	98%	2%
浙江民泰商业银行	65.98	65.98	100%	0%
温州银行	63.53	63.53	100%	0%
浙江泰隆商业银行	35.89	35.89	100%	0%
广州银行	32.96	32.96	100%	0%
杭州银行（借）	30.37	30.37	100%	0%
北京银行	14.48	15.58	93%	3%
包商银行	14.00	14.00	100%	0%
安徽农信社	11.90	11.90	100%	0%
东亚银行	9.89	9.89	100%	0%
花旗银行	9.45	9.45	100%	0%

（续表）

发卡银行	2019 年银标信用卡交易金额 /亿元	2019 年信用卡交易金额 / 亿元	2019 年银标信用卡金额占比	信用卡占比同比
金华银行	9.20	9.20	100%	0%
汇丰中国	7.49	7.49	100%	0%
徽商银行	7.09	7.09	100%	0%
广州农信	7.02	7.02	100%	0%
浙江稠州商业银行	6.84	6.84	100%	0%
全省合计	10 897.84	14 624.26	75%	4%

二、信用卡交易规模

2019 年，浙江地区银联信用卡跨行交易笔数为 4.73 亿笔，较 2018 年增长 0.1 亿笔，增长 2.16%，从增长率来看，信用卡跨行交易增长速度有所放缓，增长速度比 2018 年下降 8%。详见图 3-1。

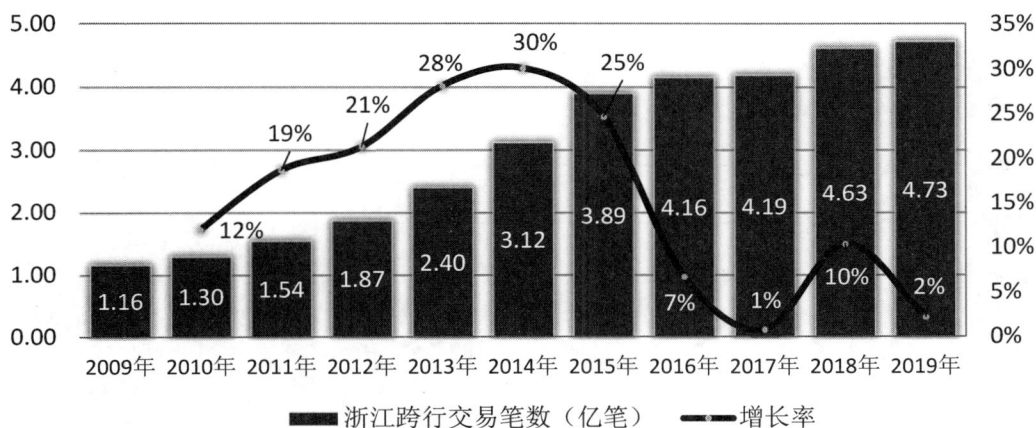

图 3-1　2009-2019 年浙江省信用卡跨行交易笔数及增速

2019 年，浙江地区银联信用卡跨行清算交易金额为 1.87 万亿元，同比增长 4%。从增长率的走势上看，信用卡跨行清算交易金额增长速度有所下降，比上年降低 24%。详见图 3-2。

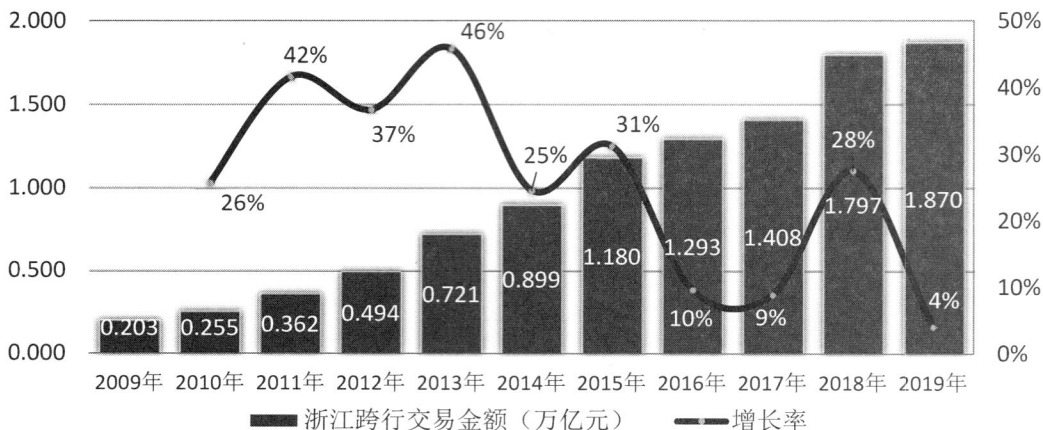

图 3-2　2009-2019 年浙江省信用卡跨行交易金额及增速

三、借记卡交易规模

2019年，浙江地区银联借记卡跨行交易笔数为 8.12 亿笔，比 2018 年增长 0.98 亿笔，同比上升 16%。从走势上看，借记卡交易笔数增长趋势略有下调，下降了 11%。详见图 3-3。

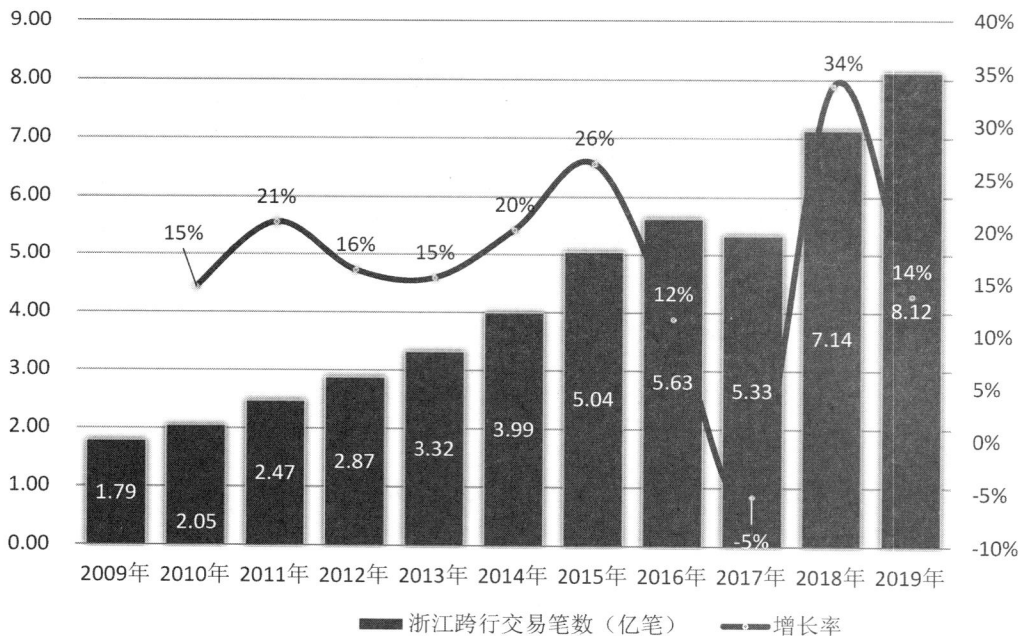

图 3-3　2008-2019 年浙江省借记卡跨行交易笔数及增速

2019 年，浙江地区银联借记卡跨行清算交易金额为 9.538 万亿元，比 2018 年 6.736 万亿元同比增长 42%。从走势上看，交易金额的增长速度有所下降，下降了 32%。详见图 3-4。

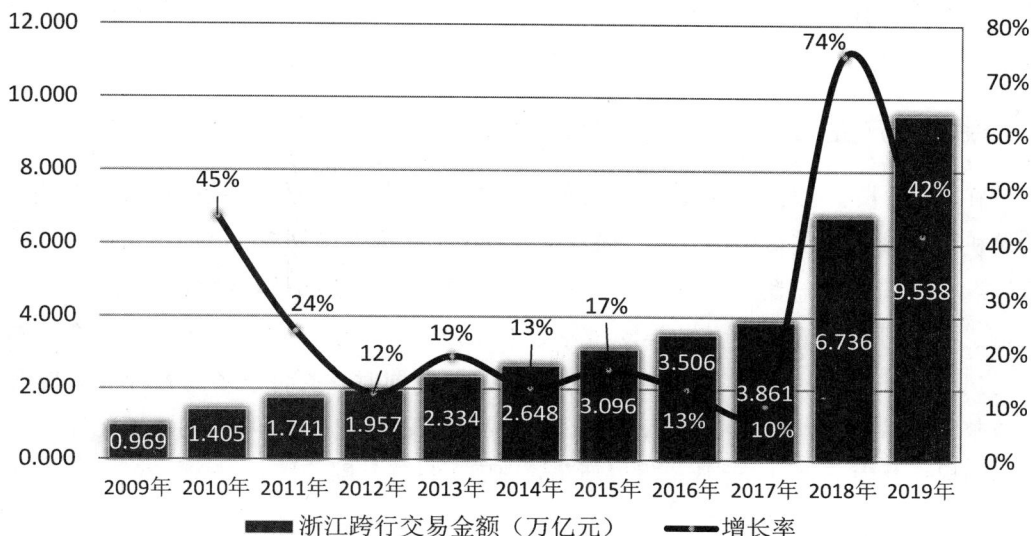

图 3-4　2009-2019 年浙江省借记卡跨行交易金额及增速

第二节　银联卡发卡业务创新

2019 年，中国银行卡产业由高速度增长逐步向高质量增长过渡，在支付产业继续保持创新发展基础上，持续应用先进技术及创新支付工具，在为更多持卡人和商户提供优质支付服务的同时，深入服务小微、"三农"及海外等深层次市场，进一步提升服务实体经济效能。

一、银行卡产业的移动化趋势不断加快

2019 年，银行卡发卡市场在实现稳步发展的同时，支付的移动化步伐不断加快。2019 年，基于移动互联技术的快速发展，银行卡产业从支付模式到支付产品的移动化、智慧化步伐不断加快，实现银联网络转接交易金额达 189.4 万亿元。与此同时，在调结构、惠民生的政策指引下，支付产业各方深耕细作，在用户端和商户端不断提

高差异化服务水平，推动支付场景深度覆盖更多小额、便民领域，银行处理的电子支付交易笔数同比增长 25.4%，增速提高 9.6%，移动化支付和智慧支付逐渐深入经济社会的方方面面，极大地促进了经济社会的快速发展。2019 年，以"云闪付 APP"为代表的移动支付产品，通过丰富产品功能、提升用户体验、加大产业合作、完善服务体系，搭建便民场景，有效推动移动支付服务实体经济、移动支付连接城乡、移动支付普惠千家万户。

二、银行卡产业市场环境不断得到净化

在"稳增长、促改革、调结构、惠民生、防风险、保稳定"的指导思想下，2019 年，监管机构持续推动支付市场开放、规范市场发展、促进市场创新。境内支付机构"断直连"和客户备付金集中交存工作顺利完成，同时，监管部门在银行卡受理商户和终端、账户开立和管理以及各类支付业务上加强监管力度，防范洗钱、欺诈等非法交易风险，境内银行卡受理环境进一步改善。与此同时，支付市场的各种乱象得到有效整治，潜在重大风险得到防范，行业发展环境得到净化，市场机构规范化经营水平不断提高，为产业驶入高质量发展新车道奠定了良好基础。

三、支付产业的数字化转型稳步推进

2019 年，区块链技术成为整个社会的热点，区块链技术在各行各业实践中的运用研究成为大家共同的关注，区块链技术在金融领域的应用慢慢走近大众生活。人民银行多年研究的数字货币向社会释放出成熟的信息，并通过试点逐步应用，支付产业在新兴技术的商业化落地上不断取得新突破，金融科技成为产业创新发展的关键驱动力。各方积极探索新兴技术的支付应用及其背后蕴含的商业价值，并结合开放生态赋能更广泛的生活场景，促进无人零售、刷脸支付等新业态发展。支付产业各方在不断探索创新发展的同时驱动着经济社会各垂直领域的数字化升级。

四、支付产业的国际化步伐不断加快

中国支付产业不断加快双向开放步伐，国际影响力逐步提高。2019 年，国内支付服务和支付标准不断走向世界，人民币跨境支付系统 CIPS 在前三季度交易笔数和金额同比增长 28% 和 33%，更好地支撑了人民币国际化及跨境经济活动。在加快与国际卡组织合作的同时，将更多境外支付清算机构吸引进来，在监管指导下稳步推进人民币清算业务，境外支付机构正式登陆境内市场，境内外机构将在更高的起点上同台竞技。

第四章 银联卡受理市场发展和特点

Receiving Market

2019 年，随着移动支付对各类潜在支付场景的覆盖范围不断扩大，传统银行卡业务增长速度逐步放缓，但以二维码和手机 NFC 为代表的移动支付市场规模迅速扩张。

第一节　银联卡受理市场业务发展

2019 年，受到移动数字支付快速变革影响，浙江省传统受理市场整体呈现缓慢增长趋势，其中银行卡跨行交易笔数和总金额均保持小幅增长，但增长速度同比下降，传统 POS 和 ATM 渠道交易笔数和金额总量均呈下降趋势，尤其是 ATM 渠道整体交易量连续三年呈现下降态势。

一、银行卡跨行交易整体情况

2019 年，浙江地区银联网络银行卡跨行总体交易笔数为 14.97 亿笔，比上年增长 7%，增长率较上年下降 6%。从走势上看，银行卡跨行交易笔数 2019 年仍保持增幅，增长速度较上年有所下降。详见图 4-1。

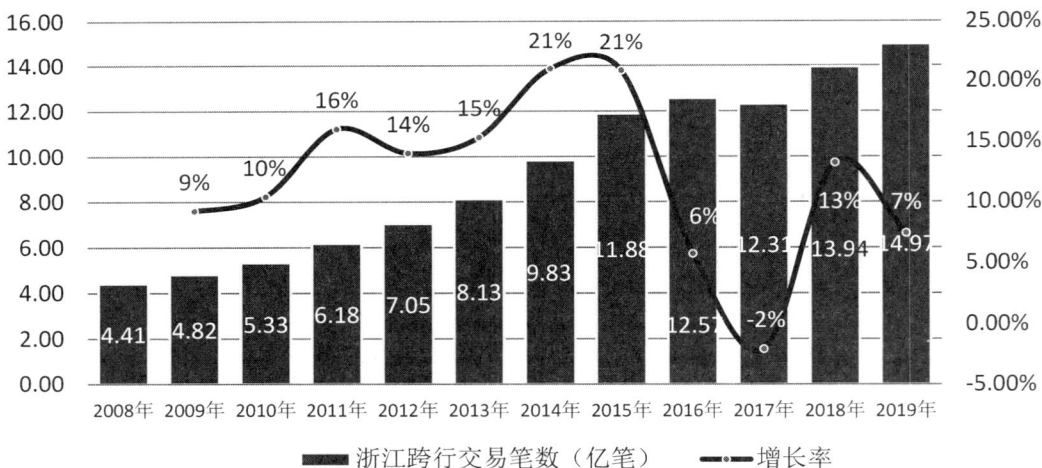

图 4-1　2008-2019 年浙江省银行卡跨行交易笔数及增速

2019 年，浙江省银行卡跨行交易笔数中借记卡交易笔数比上年增长 13%，其交易笔数在银行卡总体交易中占比 63%，较 2018 年上升 3%，信用卡跨行交易笔数比上年下降了 0.66%，信用卡交易笔数在银行卡总体交易中占比 37%，占比较 2018 年有所下降。详见图 4-2。

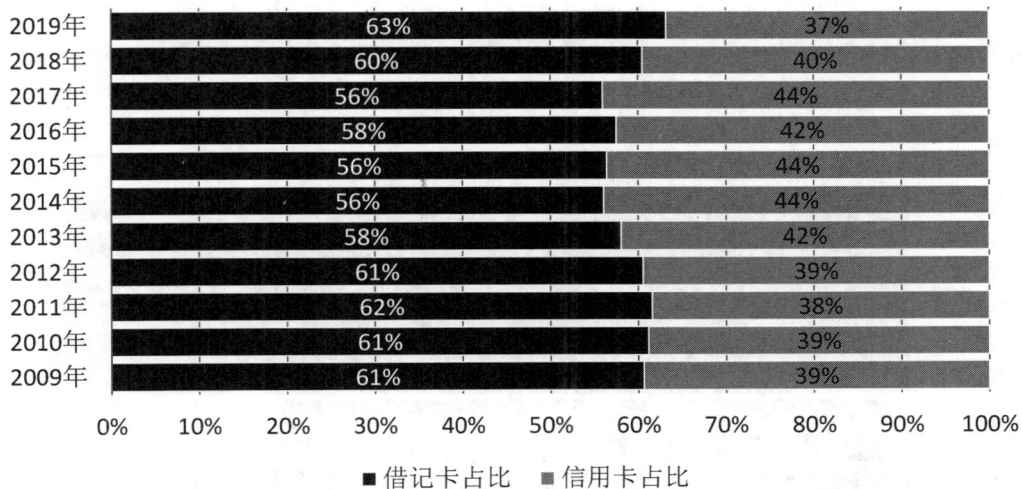

图 4-2　2009-2019 年浙江省银行卡跨行交易笔数卡性质占比

　　2019 年，浙江地区银联网络银行卡跨行总体交易金额为 11.4 万亿元，比上年增长 34%，增长率较上年下降 28%。从走势上看，银行卡跨行交易金额增速适度放缓、增量创新高。详见图 4-3。

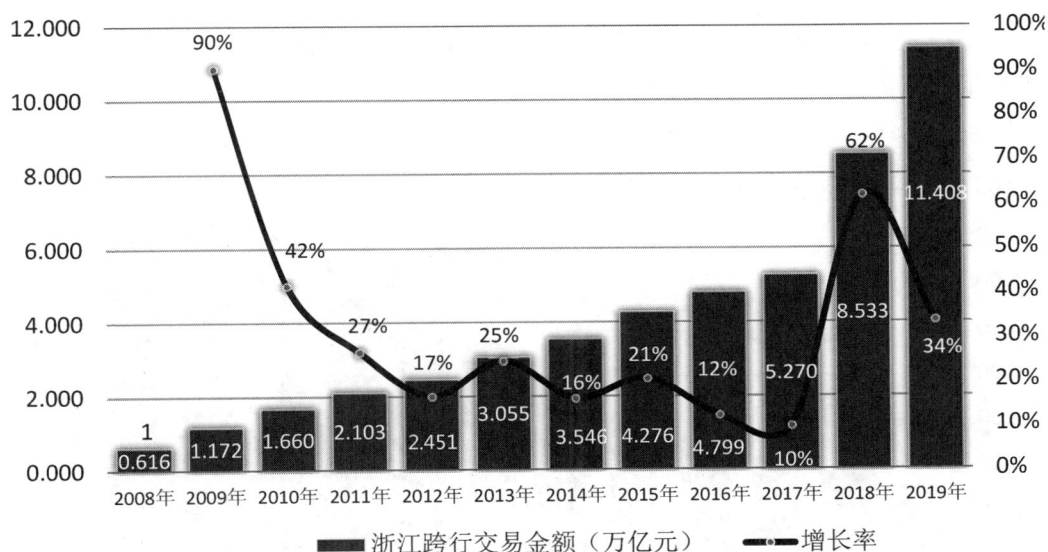

图 4-3　2008-2019 年浙江省银行卡跨行交易金额及增速

2019 年，浙江省借记卡跨行交易金额为 9.6 万亿元，较 2018 年增长 43%，信用卡跨行交易金额为 1.824 万亿元，较 2018 年增长 1.9%。浙江省银行卡跨行交易金额中借记卡交易金额占比 84%，占比较上年增长 5%，信用卡交易金额占比相应下降。详见图 4-4。

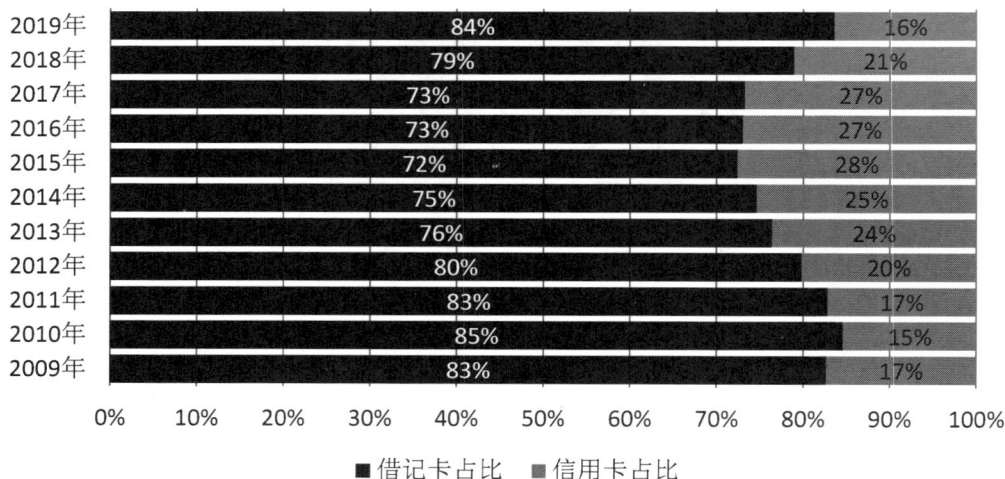

图 4-4　2009-2019 年浙江省银行卡跨行交易金额卡性质占比

二、POS 渠道交易整体情况

2019 年，浙江地区银联网络 POS 总交易笔数为 7.06 亿笔，同比下降 5%，增长率较上年下降 8%。从交易体量走势上看，POS 总交易笔数近 10 年首次出现负增长。详见图 4-5。

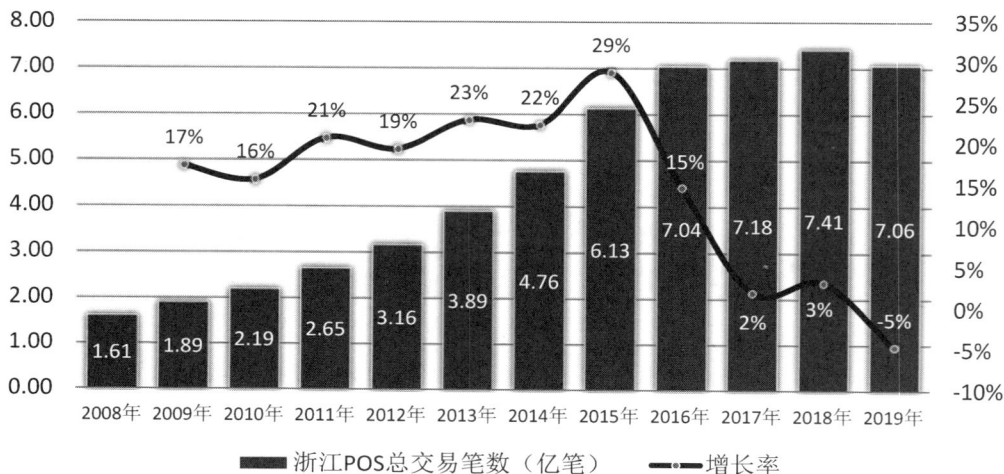

图 4-5　浙江省 POS 总交易笔数及增速

2019 年，浙江地区银联网络 POS 总交易金额为 3.71 万亿元，同比下降 4%，增长率较上年下降了 8%。受移动化迁移和第三方支付机构强监管影响，从交易体量走势上看，POS 总金额出现近 10 年的首次下降。详见图 4-6。

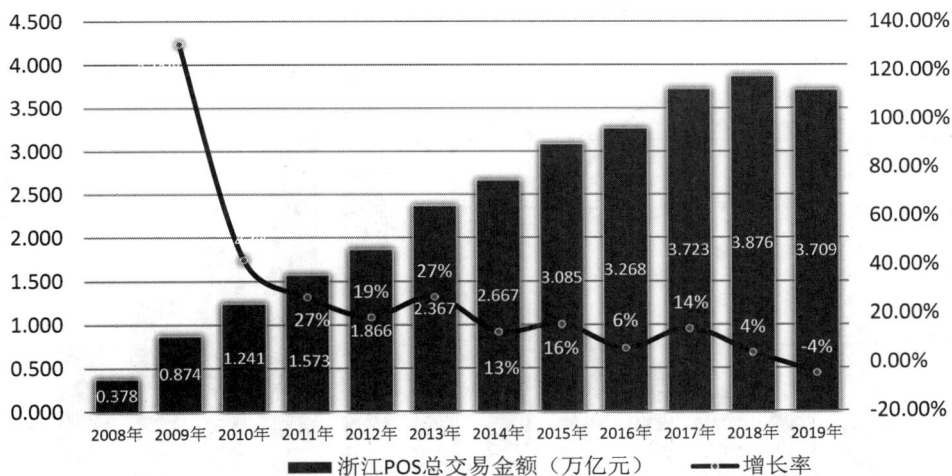

图 4-6 2008-2019 年浙江省 POS 总交易金额及增速

三、ATM 渠道交易整体情况

2019 年，浙江地区银联网络 ATM 总交易笔数为 1.81 亿笔，同比下降 27%，增长率较上年增长了 1%。从交易体量走势上看，2019 年 ATM 笔数依旧保持下降趋势。详见图 4-7。

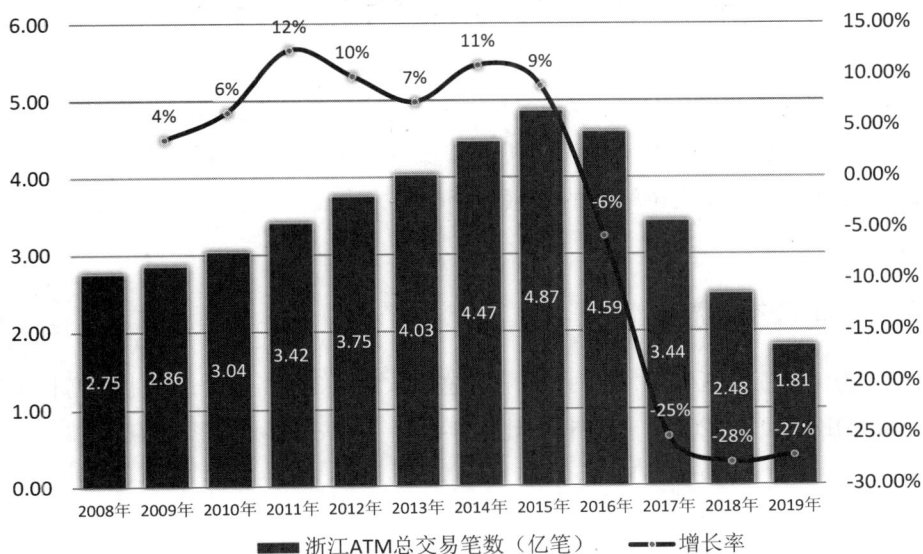

图 4-7 2008-2019 年浙江省 ATM 总交易笔数及增速

2019 年，浙江地区银联网络 ATM 总交易金额为 0.202 万亿元，同比下降 25%，下降速度较上年增加了 2%。从交易体量走势上看，2019 年 ATM 交易金额已呈连续三年下降趋势。详见图 4-8。

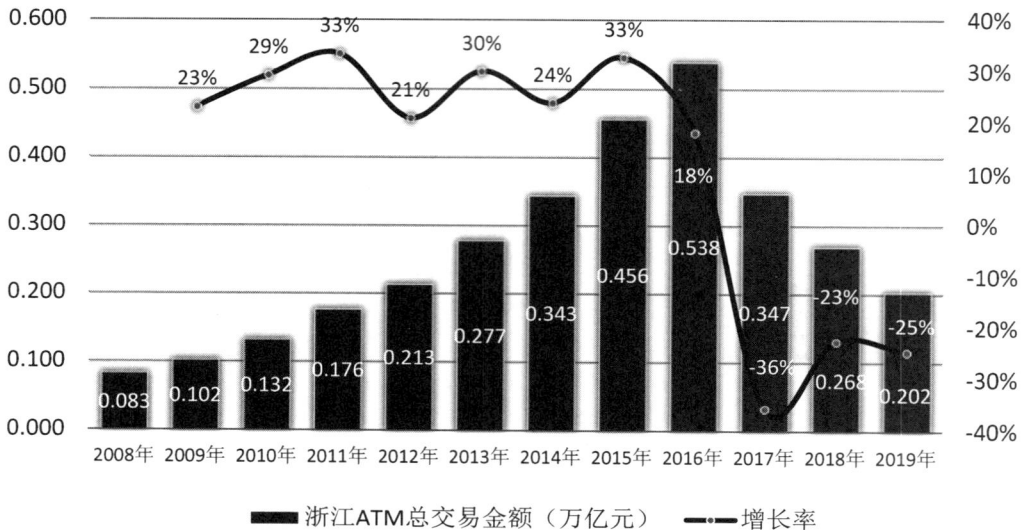

图 4-8　2008-2019 年浙江省 ATM 总交易金额及增速

第二节　移动市场业务发展

2019 年，随着移动支付产品深入覆盖各个生活场景，浙江省移动支付业务总体稳步增长，共产生交易笔数 3.38 亿笔，手机 NFC 交易稳步提升，二维码交易规模迅速提升，二维码交易笔数占移动支付笔数的份额逐年提升，占比 74%，比上年增长了 20%，增长势头迅猛。

一、手机 NFC 交易整体情况

2019 年，浙江地区银联网络手机 NFC 总笔数为 8 334.5 万笔，较上年增长 1 397.1 万笔，较 2018 年增长 20%，但增长率比上年下降了 298%。详见图 4-9。

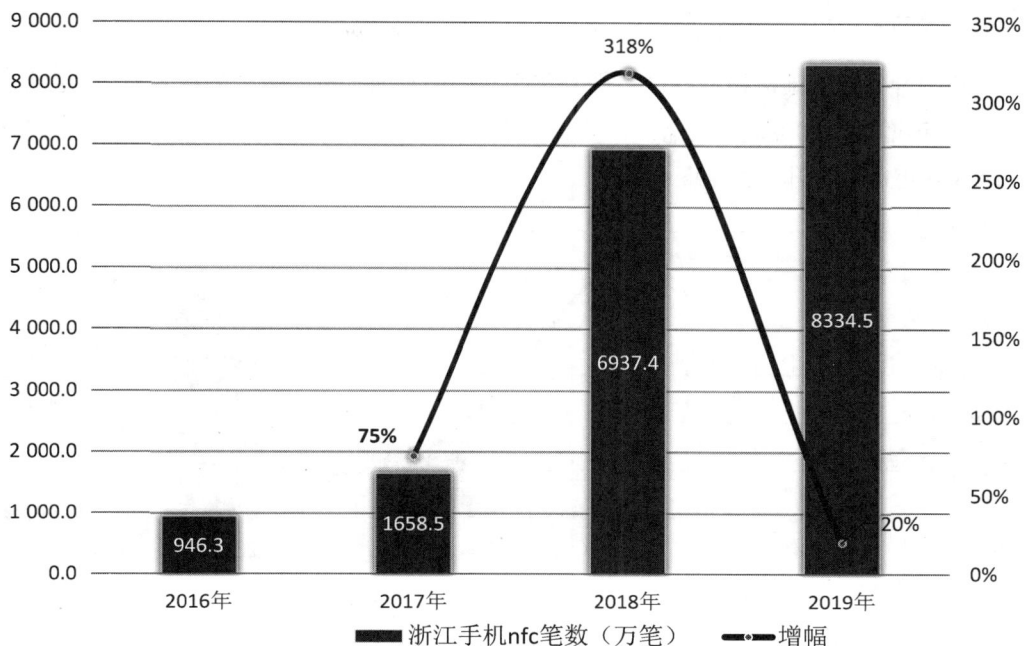

图 4-9　2016-2019 年浙江省手机 NFC 总交易笔数及增速

　　2019 年，浙江省 NFC 移动支付笔数总体呈现稳步增长趋势，除 9、11、12 月外，其他月份较 2018 年同期均有所增长。2019 年 1 月支付笔数达到年内单月最高值，实现 926 万笔，较 2018 年 1 月增长 715 万笔，增长率达 339%。详见图 4-10。

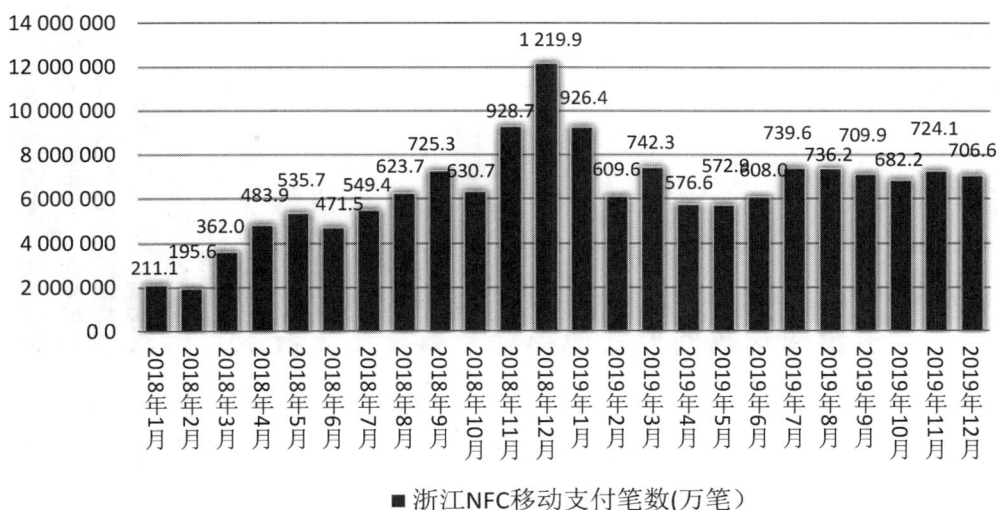

图 4-10　2018-2019 年浙江省 NCF 移动支付笔数月明细

二、二维码交易整体情况

2019 年，浙江地区银联网络二维码总交易规模迅速提升，交易笔数达到 2.4 亿笔，较 2018 年增长 1.59 亿笔，增幅 197%。从总交易量来看，近 4 年来，浙江省二维码交易笔数逐年迅猛提升。详见图 4-11。

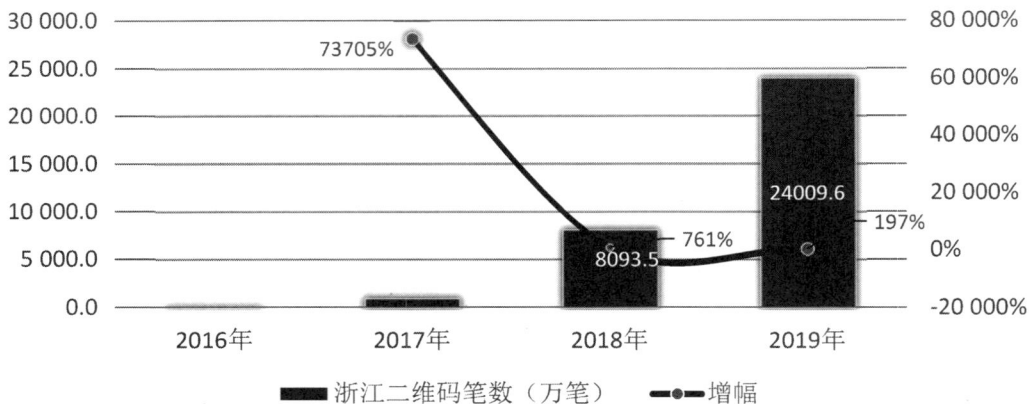

图 4-11　2016-2019 年浙江省二维码交易笔数及增幅

从月明细来看，2019 年浙江省二维码交易笔数逐季度呈现上升趋势，分别比 2018 年四个季度同比增长 333%、523%、214%、70%，增长速度较快。2019 年 11 月的二维码交易笔数达到年内单月最高值，实现交易 3 043.6 万笔，比 2018 年 11 月增长 1340 万笔，同比增长 79%。详见图 4-12。

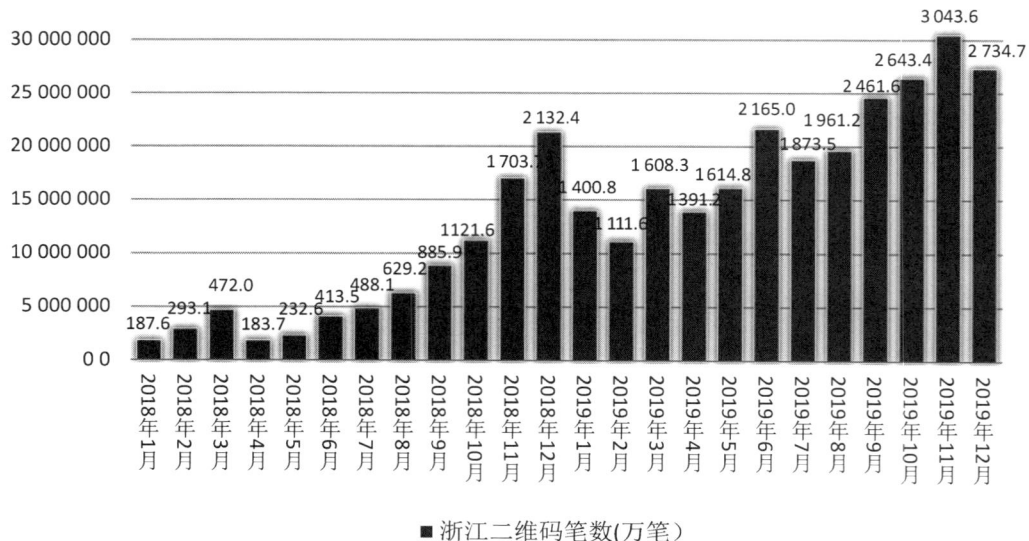

图 4-12　2018-2019 年浙江省二维码交易笔数月明细

第三节 地市市场业务发展

2019 年，在人民银行的统一领导下，浙江银联、各家银行、收单机构持续完善地市支付受理环境建设，积极推动适合浙江各地市的创新移动支付方式落地。通过支付产品推广、行业拓展、营销促动等方式解决农村地区付款、转账、缴费困难的现实问题，构建了多层次、广覆盖、安全有效的现代化银行卡支付服务体系，助推普惠金融、金融扶贫、乡村振兴等国家战略实施。

一、地方支付交易情况

（一）ATM 渠道交易整体情况

2019 年，浙江省内地市（温州、绍兴、湖州、嘉兴、金华、衢州、台州、丽水、舟山 9 个地级市，不含杭州、宁波，下同）ATM 清算交易笔数为 5 570 万笔，比 2018 年减少 2 505 万笔，交易笔数下降 31%。从月明细看，除 3 月、5 月、12 月外，2019 年地市 ATM 清算交易总体呈现逐月下降趋势，除 2 月外，各月清算交易笔数波动不大。2019 年每月清算交易笔数同比 2018 年同期下降幅度明显。详见图 4-13。

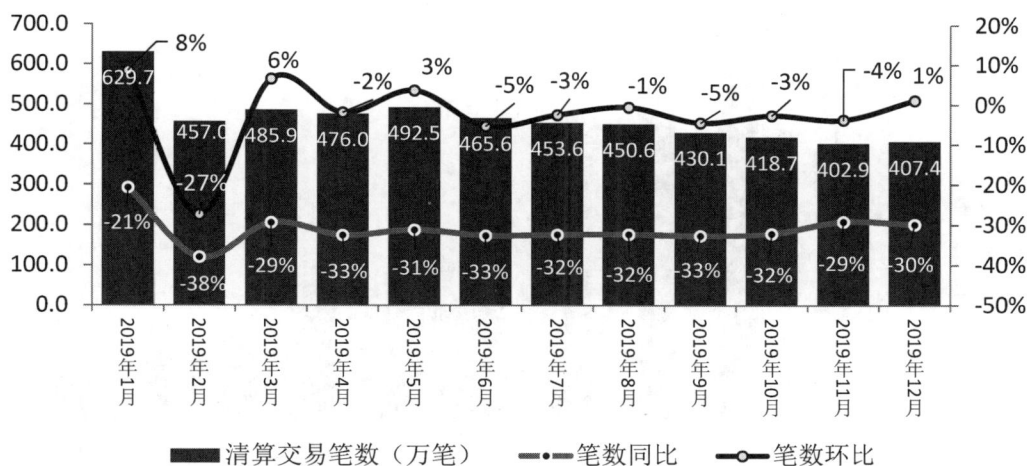

图 4-13　2019 年浙江省地市 ATM 清算笔数

2019 年，浙江省内地市 ATM 清算交易金额为 1 281 亿元，较 2018 年减少 426 亿元，交易金额下降 25%。从月明细看，除 5 月、12 月外，2019 年地市 ATM 清算交易金额呈现逐月下降趋势，除 2 月、3 月外，各月清算交易金额波动不大。2019 年各月清算交易金额同比下降幅度明显。详见图 4-14。

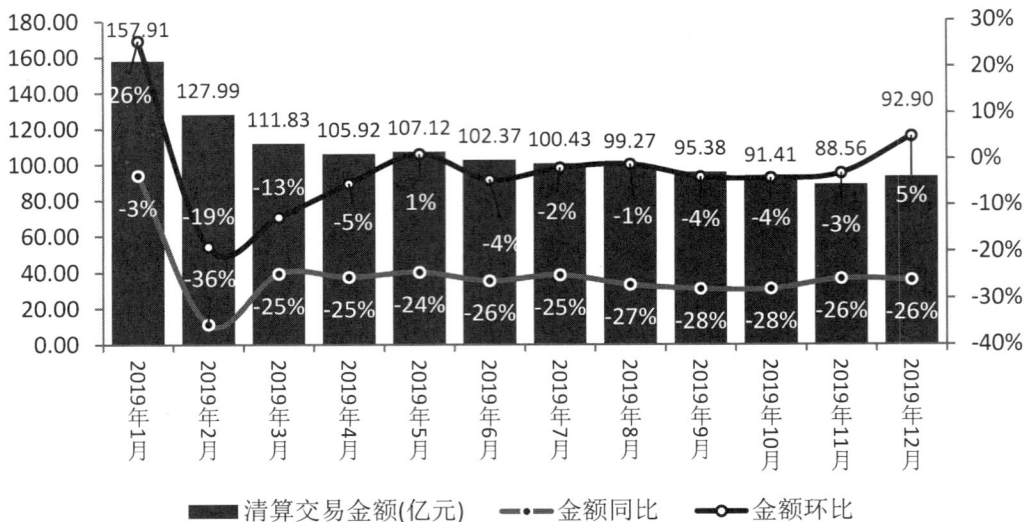

图 4-14　2019 年浙江省地市 ATM 清算金额

从各地市明细看，2019 年浙江省各地市 ATM 清算交易笔数较 2018 年均有所下降。其中，温州地区同比下降幅度最大，ATM 清算总笔数减少 587 万笔，同比下降 34%。详见图 4-15。

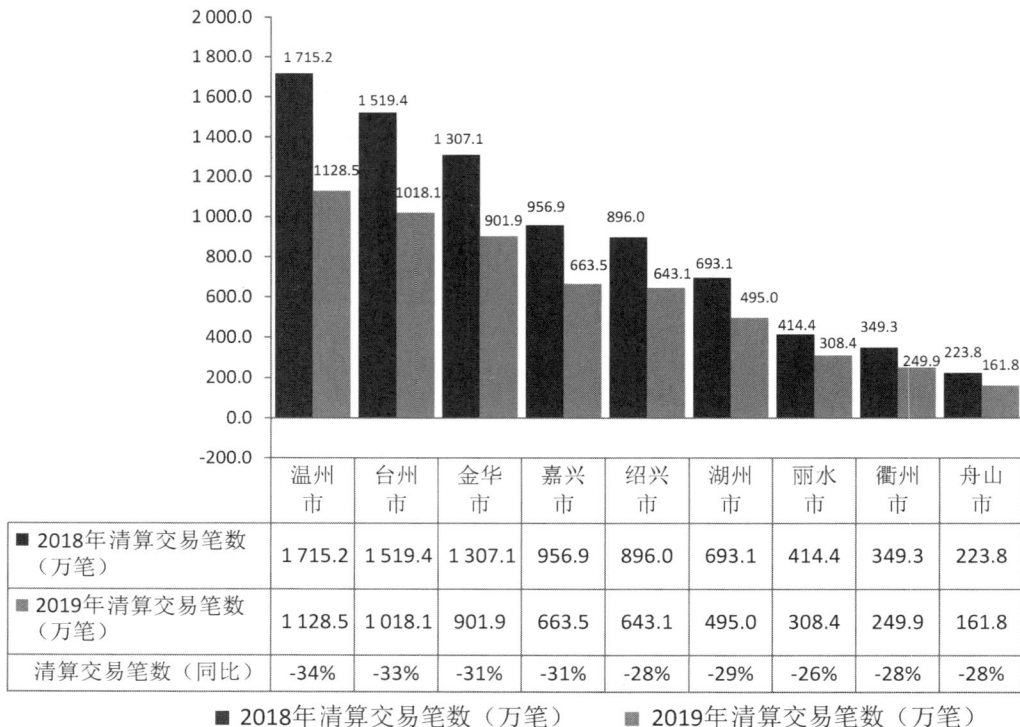

	温州市	台州市	金华市	嘉兴市	绍兴市	湖州市	丽水市	衢州市	舟山市
■ 2018年清算交易笔数（万笔）	1 715.2	1 519.4	1 307.1	956.9	896.0	693.1	414.4	349.3	223.8
■ 2019年清算交易笔数（万笔）	1 128.5	1 018.1	901.9	663.5	643.1	495.0	308.4	249.9	161.8
清算交易笔数（同比）	-34%	-33%	-31%	-31%	-28%	-29%	-26%	-28%	-28%

■ 2018年清算交易笔数（万笔）　　■ 2019年清算交易笔数（万笔）

图 4-15　2018-2019 年浙江省各地市 ATM 清算笔数

从各地市明细看，2019 年浙江省各地市 ATM 清算交易金额较 2018 年均有所下降。其中，温州和台州地区同比下降幅度最大，同比下降 28%。详见图 4-16。

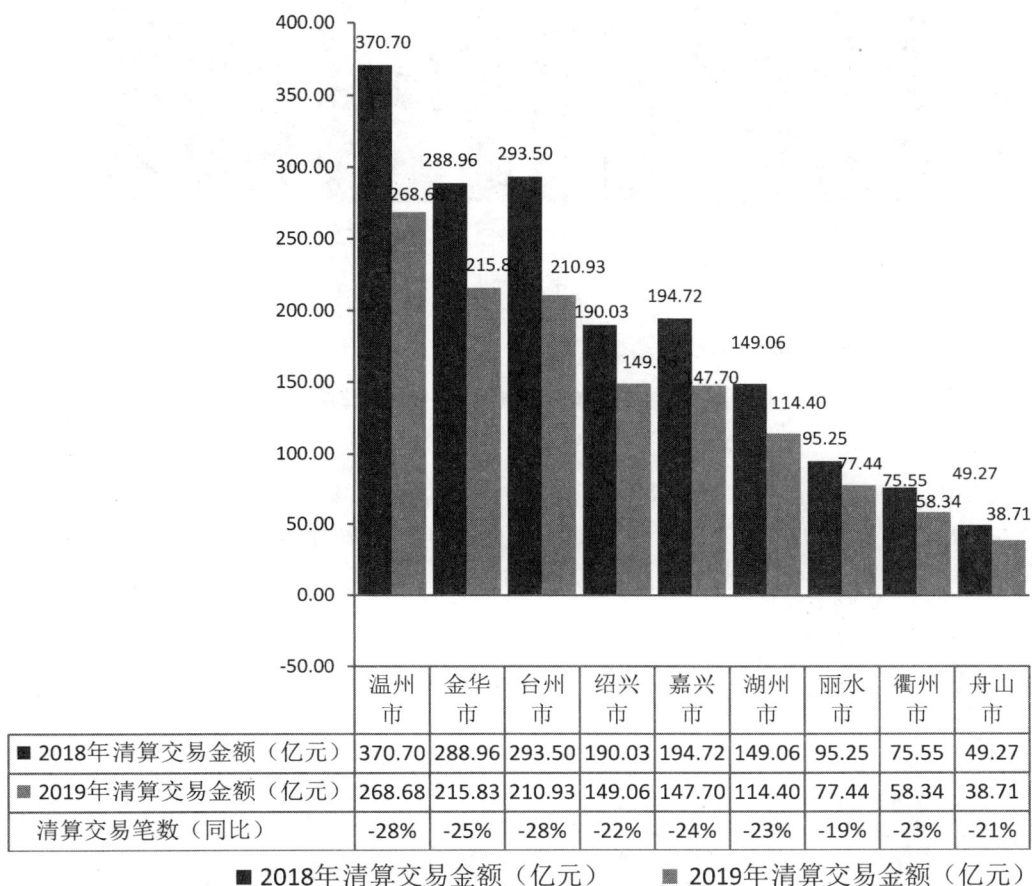

	温州市	金华市	台州市	绍兴市	嘉兴市	湖州市	丽水市	衢州市	舟山市
■2018年清算交易金额（亿元）	370.70	288.96	293.50	190.03	194.72	149.06	95.25	75.55	49.27
■2019年清算交易金额（亿元）	268.68	215.83	210.93	149.06	147.70	114.40	77.44	58.34	38.71
清算交易笔数（同比）	-28%	-25%	-28%	-22%	-24%	-23%	-19%	-23%	-21%

■ 2018年清算交易金额（亿元）　　■ 2019年清算交易金额（亿元）

图 4-16　2018-2019 年浙江省各地市 ATM 清算金额

（二）POS 渠道交易整体情况

2019 年，浙江省内地市 POS 清算交易笔数为 27 834 万笔，较 2018 年减少 2 305 万笔，交易笔数下降 8%。从月明细看，除 2 月交易笔数大幅下降、3 月交易笔数大幅增长外，其他各月波动较平稳，全年各月平均交易 2 320 万笔。除 1 月外，2019 年各月 POS 清算交易笔数同比 2018 年同期均有下降。详见图 4-17。

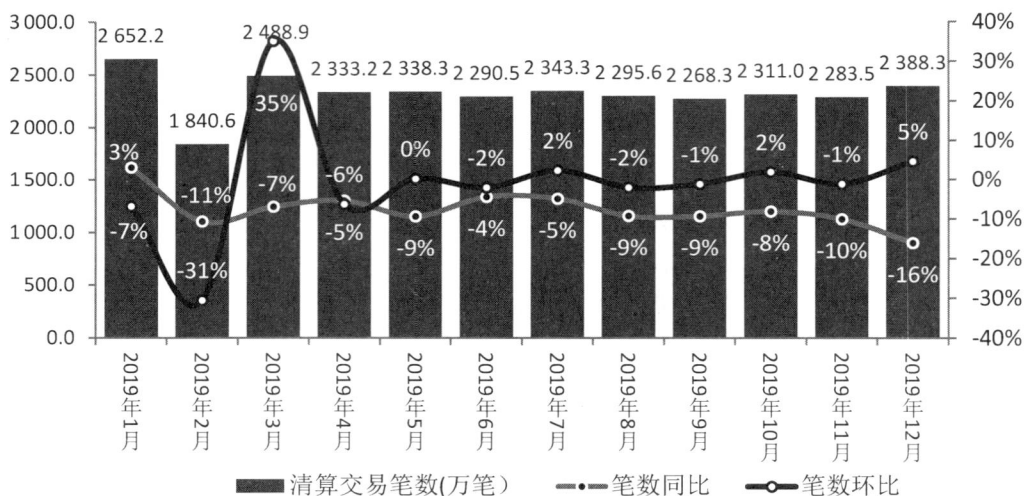

图 4-17　2019 年浙江省地市 POS 清算笔数

2019 年，浙江省内地市 POS 清算交易金额为 22 949 亿元，较 2018 年减少 1 114 亿元，降幅为 5%。从月明细看，2019 年 1 月 POS 清算金额相对较高，高达 2 400 亿元，全年各月平均交易金额为 1 912 亿元。除 1 月、3 月外，2019 年各月 POS 清算交易金额同比均有下降。详见图 4-18。

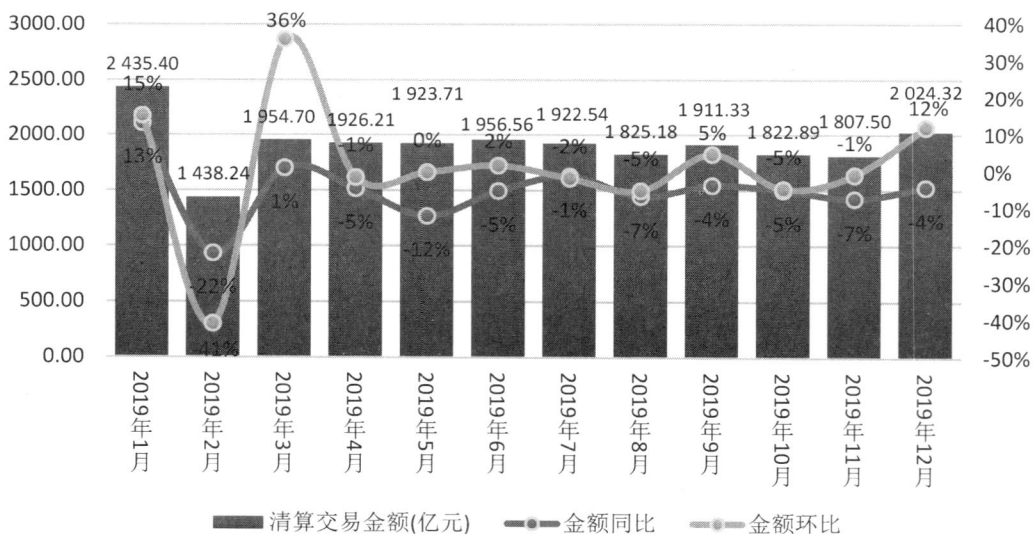

图 4-18　2019 年浙江省地市 POS 清算金额

从各地市明细看，除舟山外，其他各地市 2019 年 POS 清算交易笔数同比均有所下降。丽水市 POS 清算交易笔数下降最为明显。详见图 4-19。

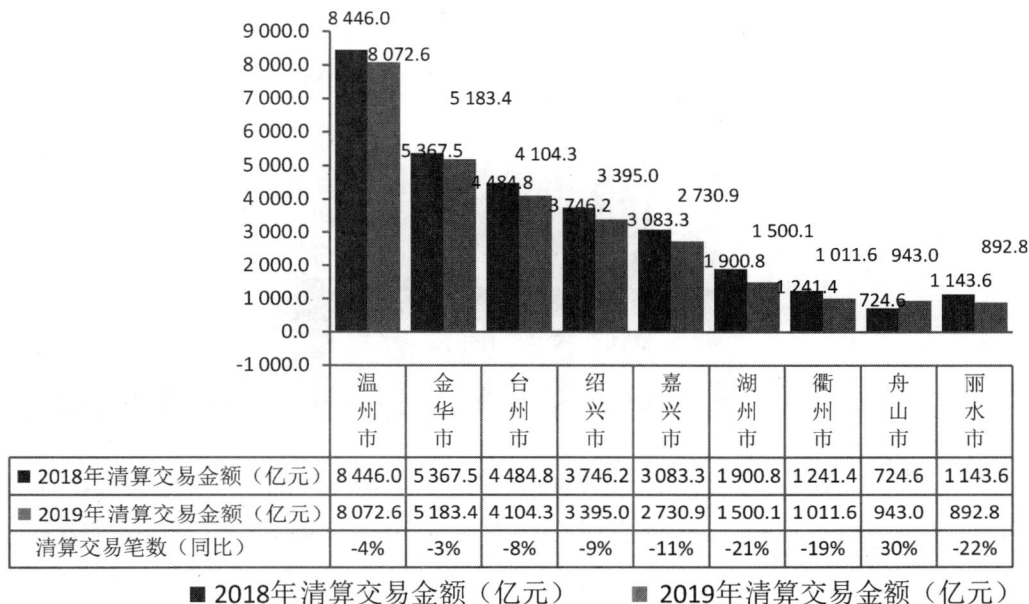

	温州市	金华市	台州市	绍兴市	嘉兴市	湖州市	衢州市	舟山市	丽水市
■2018年清算交易金额（亿元）	8 446.0	5 367.5	4 484.8	3 746.2	3 083.3	1 900.8	1 241.4	724.6	1 143.6
■2019年清算交易金额（亿元）	8 072.6	5 183.4	4 104.3	3 395.0	2 730.9	1 500.1	1 011.6	943.0	892.8
清算交易笔数（同比）	-4%	-3%	-8%	-9%	-11%	-21%	-19%	30%	-22%

■2018年清算交易金额（亿元）　　■2019年清算交易金额（亿元）

图 4-19　2018-2019 年浙江省各地市 POS 清算笔数

2019 年，浙江省各地市 POS 清算交易总金额较 2018 年稍有下降。从各地市明细看，舟山、衢州、丽水地区 POS 清算交易金额同比增加，其中舟山市增幅最大，高达 26%，其他地区 POS 清算交易金额较 2018 年均有所下降。详见图 4-20。

二、地市市场支付工作机制

在省内各级人民银行的指导下，浙江银联联合各银行机构、非金机构一直把改善地市及农村地区受理环境建设作为重点工作来抓，建立健全工作机制，主动作为，扎实推进各项工作落到实处。

（一）加快建设地市点工作机制

浙江银联为做好农村地区战略布局，将地市工作做深、做透，在温州、金华、嘉兴、绍兴、台州、衢州、湖州等地设立业务部，向各地市派驻工作人员，缩短工作半径，密切与各地人民银行、银行和非金机构的联系，加快各地行业应用拓展步伐。

（二）完善沟通协调机制

在浙江银联牵头下，各机构定期召开碰头会，商讨谋划下一步重点工作与具体措施。搭建相关工作群，及时分享各地、各机构最新营销活动与工作成果。

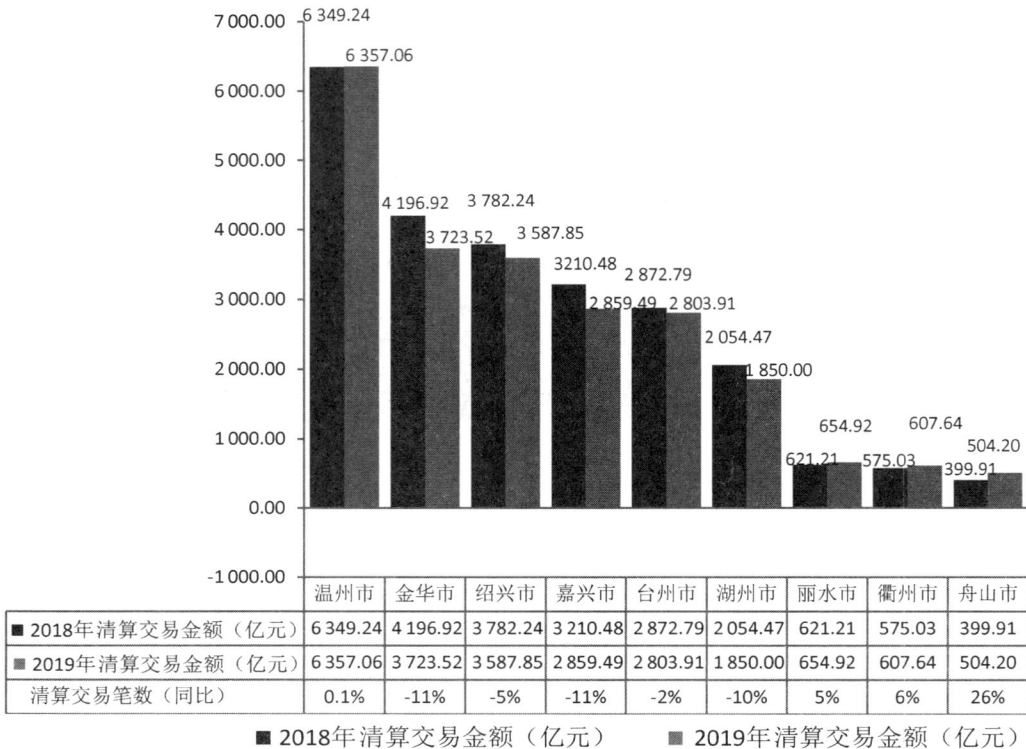

图 4-20　2018-2019 年浙江省各地市 POS 清算金额

	温州市	金华市	绍兴市	嘉兴市	台州市	湖州市	丽水市	衢州市	舟山市
■ 2018年清算交易金额（亿元）	6 349.24	4 196.92	3 782.24	3 210.48	2 872.79	2 054.47	621.21	575.03	399.91
■ 2019年清算交易金额（亿元）	6 357.06	3 723.52	3 587.85	2 859.49	2 803.91	1 850.00	654.92	607.64	504.20
清算交易笔数（同比）	0.1%	-11%	-5%	-11%	-2%	-10%	5%	6%	26%

■ 2018年清算交易金额（亿元）　　■ 2019年清算交易金额（亿元）

（三）借助各方力量联合机制

结合地方政府"最多跑一次"等改革要求，争取各地政府、监管部门的支持，借助各地政府力量推进移动支付行业应用。

三、地市行业应用推广

在人民银行支持下，浙江银联整合各银行机构、非金机构各方资源，发挥服务商和银行机构自身力量，共同突破便民领域应用瓶颈。

（一）交通领域

2019 年，浙江银联推动交通领域快速发展。公交方面，完成全省 9 个地市、41 个县的银联移动支付推广工作，推动嘉兴、绍兴市区银标二维码受理改造、温岭公交城乡多票制银联支付升级改造，启动并完成台州市区公交银联乘车码项目；轨道交通方面，已完成温州轨道交通 S1 线进出站闸机及自助售票机银联移动支付全覆盖。一期工程建设的车站中 334 个闸机均可直接使用银联 IC 卡闪付、银联手机闪付以及二维码支付方式进出，有 82 台售票机支持银联 IC 卡、手机闪付购票。绍兴轨道交通已达成合作意向，正式开始技术对接。

（二）医疗领域

浙江银联加大与各地卫健委、社保部门合作，推动"健康台州"APP与云闪付APP对接，实现台州6家公立医院接入云闪付"智慧医疗"平台。推广丽水诊间无感结算，丽水地区22家公立医院全部实现银联诊间无感支付功能。衢州卫健委统一支付平台上线首批6家医院银联医后付业务。

（三）校园场景

在浙江海洋大学、义乌工商学院已完成的改造基础上，目前已实现金华交通技师学院、越秀外国语学院等校园食堂受理银联二维码。

（四）无感停车

温州地区已有32家停车场开通银联无感支付，与台州启鑫科技合作，实现下辖7家停车场无感停车，与金华叭叭智行合作，实现旗下30余个停车场无感停车，完成台州火车站、绍兴东站等无感停车功能。

（五）小额民生领域

推动各地银行大力拓展省内各地市菜场、便利店、影院等小额高频应用场景，进一步改善银联卡受理环境。目前温州十足便利店近2 000家门店已开通银联移动支付，各地市有12 000余个菜场摊位支持银联移动支付，推动横店院线线下电影院开通受理银联二维码，全国320家门店陆续开通中。

（六）乡村旅游

借助示范县创建工作，着力拓展乡村旅游场景建设，包括农家乐、渔家乐、民宿等，并结合当前热点打造舟山南洞艺谷、湖州安吉余村等红色教育场景。

四、提升特色营销服务

通过在全省各地市开展针对银联二维码、手机闪付的营销活动等方式，提升银联移动支付市场份额。

（一）联合营销

联合嘉兴人行、嘉兴各家银行开展畅享春季购联合营销活动，活动资金超过500万元。联合湖州人行、湖州各家银行开展云闪付专项营销活动，活动资金430万元。联合金华人行、当地各家银行出资405万元开展专项营销活动。

（二）银联专项营销

在"62节""金秋购物节""超市节""双12"等事件性营销的基础上，陆续开展温州轨道交通"一分闪付过闸"，绍兴、嘉兴公交"云闪付"优惠坐车专项营销活动，全省公交联动优惠活动等。开展地市小微商户"美好生活365，用银联二维码天天有优惠"

铺底营销活动，共有 13 万户商户参加。在各地市、县开展"一元购"、菜场"满就减"活动，进一步提升银联二维码在社会公众中的知晓度，培养公众使用云闪付 APP 的习惯，对推动各地银行加快开通银联二维码支付和 POS 机具改造起到了促进作用。截至 2019 年底，省内地市共有 6 300 余个银行网点开展一元购活动，新增云闪付注册用户 252 万。

第四节　受理市场业务创新

2019 年，浙江银联推动支付智慧升级，探索多种形式的支付方式，加快二维码服务系统建设，探索人脸识别技术，推动线下支付多方协作，通过收银员推荐，引导客户使用支付，提升服务可得性和便捷性。

一、二维码服务系统建设

为实现更快捷地将拓展机构拓展的商户纳入银联平台，浙江银联利用现有商户入网平台接口搭建浙江银联二维码服务系统，解决二维码商户快速入网扎口不统一等问题，优化商户入网流程，更顺畅地导流收单机构和拓展机构发展的存量或新增商户到银联系统内。

二维码服务系统接入银联小微平台、条码支付综合前置平台、银联二代平台，实现小微商户、条码支付商户、互联网商户、云闪付商户、快速收款码商户入网，为收单机构和服务商拓展商户入网统一入口。二维码服务系统为商户拓展方提供便捷的商户快速入网渠道，是银联对收单机构和服务商的有效抓手。

目前，通过二维码平台成功入网 9 万多家商户，其中小微商户 7.5 万家。目前已有 6 家收单机构接入平台，分别是银联商务股份有限公司浙江分公司、福建国通星驿网络科技有限公司、北京海科融通支付服务股份有限公司、易智付科技（北京）有限公司、中信银行股份有限公司嘉兴分行和海南新生支付有限公司。

二、人脸识别技术

按照《金融科技（FinTech）发展规划（2019-2021 年）》以及人民银行等六部委《关于开展金融科技应用试点工作的批复》（银办函〔2019〕115 号）要求，充分发挥生物识别、深度学习、大数据和密码技术优势，按照"联网通用、安全可控、便捷友好、易于推广"的目标，在坚持"四方模式"的前提下，联合商业银行、非银行支付机构等在浙江开展以人脸特征作为路由标识实现转接清算的支付应用，是浙江银联的重点工作之一。

经过各参与机构的共同努力，银联人脸识别线下安全应用—银联刷脸付，于 2019 年 10 月 20 日在浙江乌镇第六届世界互联网大会期间正式发布。产品正式发布后，在浙江银联和农行浙江省分行的积极协调下，乌镇景区内首批 60 个刷脸付试点商户开始面向公众正式受理银联刷脸付支付方式。

银联刷脸付具有以下四大优势（F4）：无介（facial），即无须携带手机、银行卡等物理介质；高效（efficient），即"刷脸 + 支付口令"完成支付，更便捷；安全（safe），即端到端保护用户信息和资金安全；互联（unified），即实现互联互通，具有统一的服务体验。

随着银联刷脸付产品的不断完善，支持的终端设备已达一百多种型号。2020 年，浙江银联将在人民银行的指导下，联合商业银行和非银行支付机构一起大力推广银联刷脸付，并将在省内建设一些有代表性的示范场景。

三、收银员推荐

收银员推荐、引导客户使用支付产品是当前移动支付市场的主流形态。为提高收银员推广银联产品和发展云闪付 APP 用户的积极性，中国银联联合各收单机构、服务商以及商户等行业各方，通过线下对收银员的培训、收银员积分活动和红包码的激励，扩大银联移动支付品牌影响力，促进银联移动支付业务发展。截至 2019 年底，共计布放 13.6 万个红包码。下一步，中国银联规划建设收银员开放平台，围绕收银员开展收银员激励、培训、抽奖等形式的活动，提高收银员推广云闪付的积极性。

第五章　移动支付助推数字经济

Mobile Payment

2019 年，随着信息技术的进一步发展，移动支付技术和支付方式创新得到进一步加快，有力地服务和支持了实体经济和居民生活的各个领域。尤其是浙江省移动支付便民工程在省内各市的深入推进，不断加大对经济活动的渗透力度，全力打造全省地铁、公交、高速公路等线下精品小额快速支付场景，深度应用于政府缴费、学校医疗、居民生活等各个场景，极大地推动了浙江省数字经济的快速发展。

第一节 继续推进移动支付便民工程

移动支付便民工程是近年来人民银行杭州中心支行根据数字浙江的总体要求开展的重点工程。2019 年，浙江省银行卡产业紧紧抓住政策窗口期，进一步扩大宣传力度，进一步改善工作机制、进一步加大产品创新、进一步拓展应用场景、进一步扩大用户数量，采用行业综合解决方案，精耕细作，加速推进移动支付便民场景建设。

2019 年，积极配合人民银行杭州中心支行，制定全省及各地移动支付便民工程工作计划，进一步明确目标和任务。加大对商业银行、收单机构对新产品、新标准、新解决方案的培训力度，积极开展形式多样的移动便民支付工程千城宣传活动，提高社会和公众对移动便民支付工程的认知度，提升银联移动支付产品的知名度。积极协助人民银行杭州中心支行，进一步完善移动支付便民工程工作机制，完善移动支付示范县创建评价机制，完善商业银行的考核评价机制，推进实施标识等巡检通报机制，完善商圈、街区联合共建机制。

2019 年，充分依托云闪付 APP，加大各种应用场景搭建力度，全力引入云闪付 APP。继续深入打造出行板块，通过整合权益等平台，结合全省各地特色，推动移动支付便民工程和银联云闪付在浙江各地的推广应用。将浙江特色应用接入云闪付 APP，以数字化和娱乐化为目标，加大内容运营，采取外包服务的形式，打造重点场景。积极探索和创新移动支付便民工程应用领域和云闪付 APP 内容资源，开展数字社区的推广应用。

继续加大公交地铁、停车缴费、出行加油、校园医疗、政务缴费、自助终端等应用场景的拓展。全国首创公交联机银联解决方案、地铁联机银联解决方案、公交分段计费解决方案。率先实现银联移动支付在省会城市公交、地铁全覆盖；率先实现银联移动支付在地级以上城市公交全覆盖，53 个城市公交上线，上线城市数量全国第一；率先上线地铁云闪付乘车码过闸，截至 2019 年底，累计为超 1.7 亿人次公交出行、1 亿人次地铁出行提供高效、便捷、安全的移动支付方式。银联－杭州公交电子客票全国首发，杭州公交万辆公交车全面开通受理银联标准乘车码。截至 2019 年底，已有 20 万名用户开通"杭州公交乘车码"，电子客票累计出售 30 万张，杭州公交日均移动支付交易笔数达到 10.9 万。截至 2019 年底，全省 440 家停车场支持云闪付 APP 无感停车；杭州城市道路停车全面开通受理银联移动支付，覆盖车位 2 万多个；5 所高校（8 个校区）实现校园一卡通与云闪付对接，其中 4 所高校实现一体化校园解决方案。49 所高校（61 个校区）食堂受理银联二维码，其中有 42 所高校（53 个校区）食堂为终端方式改造；

实现全省电子社保卡、电子健康卡云闪付 APP 签发，社保线上办理；省内 400 多家医院窗口或诊间支持移动支付受理，其中三甲医院 60 多家。浙医二院等 20 余家医院接入云闪付智慧医疗平台。先后在浙江省人民医院、浙江省中医院、浙江省立同德医院、衢州地区医院落地上线"医后付"产品，实现患者"先诊疗，后付费"的就医服务；与"浙里办"政务服务平台实现对接，在云闪付 APP 全新上线"浙里办"业务板块，是云闪付 APP 上线的第一个省级政务服务平台业务，可在线办理税费缴纳、学费缴交、违章缴款等缴纳业务。

第二节　继续扩大公交地铁场景应用

公交、地铁等出行场景是移动支付便民场景的重要组成部分，也是老百姓日常生活出行的重要组成部分，具备小额、高频、快速等支付特点。浙江银联持续挖掘出行场景建设，创新模式发展，推动市民出行支付更便捷、更高效。

一、公交场景应用

从 2015 年起，浙江银联持续深耕公交领域。2019 年 11 月 19 日，杭州公交下辖所有线路上的万辆公交车全面开通"云闪付"APP 扫码支付功能，同步于全国率先推出银联—杭州公交电子客票。

（一）创新模式

银联—杭州公交电子客票是与杭州公交集团针对各类乘客联合设计的票种，以云闪付 APP 作为购票入口、以银联行业二维码（双离线模式）进行核销交互，将传统公交车票电子化、虚拟化，将原有的单纯受理演变为与行业方共推产品，融合行业诉求。同时，电子客票的推出，开创了营销新玩法，不同于银联原有折扣立减等传统常规的营销方式，以"卖货"的方式做推广更灵活，既可以提前锁定用户，带动购票后的多次使用，提升云闪付用户的活跃度；也更容易响应各个节点开展个性化营销，为广大乘客降低使用银联支付设备门槛，进一步优化乘客支付体验，为行业方更有效地服务乘客增添新的方式。

（二）应用成效

截至 2019 年底，电子客票累计出售 30 万张，杭州公交日均移动支付交易笔数达到 10.9 万笔，使银联支付方式在杭州公交受理的各类移动支付方式中的占比提高了约 5 个百分点，进一步扩大了银联支付产品在公交领域的覆盖面。例如，2019 年 12 月份杭州公交的活跃终端达到 8 300 台，活跃率近 90%。

电子客票上线当日，以"早鸟价"体验形式限量售卖一日票、二日票、通勤票。继首发活动之后，陆续结合双 12、元旦节点，分别推出"1212 闪购票""2020 爱你票"，进行线上限时限量抢购活动，不仅受到杭州市民的热烈欢迎，更有海外人士来咨询。

（三）项目意义

项目的实施丰富乘客支付方式，公交－银联移动支付不仅满足不同行业用户的需要，也给市民更大的自主选择权，可以根据出行需求，选购合适的票种，还能自行选择电子客票的生效日期，提升出行效率，节约出行成本。真正实现让移动支付便民工程成果惠及寻常百姓，让更多用户享受智能支付产品在公共交通领域的便捷应用。产业各方建立联合运营机制，共推产品，提高了产品推广的精准性。公交－银联移动支付应用"杭州模式"的再一次升级，进一步扩大了银联支付产品在公交领域的覆盖面。具有可持续、易推广的特点，可向全国复制推广。

二、地铁场景应用

为迎接 2022 年杭州亚运会，方便国内外游客搭乘地铁，减少排队购票时间，减轻地铁运营方清点零钱的压力，提升杭州城市形象，浙江银联结合市场实际提出了在杭州地铁采用闪付联机预授权和云闪付 APP 乘车码过闸的银联 NFC+ 二维码全产品解决方案。持卡人可直接使用带有闪付功能的银联 IC 卡或银联手机闪付产品和云闪付 APP 申领乘车码，挥卡、挥手机、扫码等仅需 1 秒即可过闸，大大提升了出行效率，减少了找零烦恼，为绿色出行提供安全、可靠、便捷的乘车支付服务。

浙江银联与杭州地铁国内首创银联卡联机预授权模式，实现地铁站内自助购票机和直接过闸全面受理银联移动支付，地铁移动支付的推广为行业应用提供了良好的示范。同时，杭州地铁成为全国首个同时支持银联手机闪付和云闪付二维码的城市地铁，进一步丰富了杭州地铁多元化支付方式，助力"绿色出行"，共同打造新型智慧城市，成为人民银行"移动支付便民工程"建设的重点示范工程之一。

（一）树立行业标杆

便民地铁应用赢得了行业方的充分认可，为各地复制、推广奠定了来之不易的基础。全国包括深圳、南京、合肥、大连、温州地铁等借鉴杭州模式已在 2018 年底上线运行，更是吸引了来自台湾、新加坡等地区的同业前来杭州实地考察项目的运营情况和技术模式。

（二）建立共建机制

以"成本共担、市场共享、场景共建"为原则，牵头组织各家成员机构一致通过了《浙江省金融 IC 卡公共服务领域行业应用共建方案》，杭州地铁的设备投入费用由发卡银行根据实际交易量进行分担。

（三）提高银联品牌认知度

杭州地铁清晰的产品定位、超越竞争对手的用户体验，使广大持卡人形成清晰的银联认知，银联品牌和产品变成触手可及的存在。

（四）为移动支付大数据应用奠定基础

通过在杭州地铁场景移动支付的全面升级，大大提升了通过移动支付大数据为用户提供的服务质量，加强场景运营能力。

第三节　继续加快高速加油场景应用

随着"互联网+"的迅速崛起，高速、加油等汽车场景也已进入了移动支付时代。浙江银联发挥平台作用和产业核心枢纽优势，开展资源整合，聚合各方力量，共同为汽车便民市场打开新局面。

一、高速场景应用

高速场景应用方面，浙江银联携手商业银行、专业化服务机构等合作伙伴，顺应移动互联网的发展趋势，立足快速扩大 ETC 线上发行的着力点，依托云闪付智慧通行平台，实现云闪付 APP 线上发行浙江 ETC 通行卡及绑定扣款账户的无感支付，助力高速快速通行。

（一）高速无感支付解决方案

1. ETC 线上发行

以云闪付 APP 为申领入口，在云闪付–智慧通行平台开通浙江 ETC 通行卡申领业务，车主可直接在线上完成浙江省 ETC 通行卡申领、银联卡签约绑定、OBU 设备邮寄申请，收到设备及 ETC 卡完成安装激活后，即可在全国高速享受 ETC 通行服务，全部流程均由车主自助完成，实现"一次不用跑"。

2. 银联移动支付

用户在申领 ETC 通行卡时，可直接完成银联卡签约绑定，开通银联无感支付，通过车载电子标签识别，享受"先通行、后付费"的高速通行服务，实现不停车收费，提高高速通行效率。

3. 个性化清算机制

根据高速通行费的个性化资金清算要求，由银联商务浙江分公司牵头，设计开发了一套针对高速通行费划款的清算系统，能够按照高速管理方的划款要求完成资金划付，并开展后续垫款回收工作。

（二）应用成效

1.合作银行

本项业务共有 14 家银行参与合作，包括邮储、浦发等全国性银行及杭州银行、温州银行、金华银行、台州银行等区域性商业银行，合作银行数在银联全国分公司中排名第一，充分引入银行资源开展业务推广。

2.发行情况

浙江银联及合作银行依托自有渠道，包括线上自媒体、线下纸媒、银行网点、银行短信等方式开展宣传推广活动。截至 2019 年底，共有 5 000 余人通过云闪付 APP 申领浙江 ETC 通行卡，累计交易 10 万余笔。

3.ETC 应用拓展

2019 年底 ETC 安装普及率达到 80% 以上，基于 ETC 车载电子标签的支付场景也在向高速以外场景拓展，停车、加油等场景将逐步纳入 ETC 应用范围。目前浙江省内已有 112 个停车场支持 ETC 扣款，并仍在不断拓展中。

二、加油场景应用

移动加油场景应用方面，车主可通过扫码支付、在线加油，全程不用下车，有效提升加油效率。

（一）加油场景的服务模式

1.扫码支付

车主完成加油后，可通过云闪付 APP 或银行 APP 进行扫码支付，免去现金支付或油卡充值等程序。目前省内中石油加油站已全部支持受理银联二维码扫码支付。

2.线上加油

车主可在云闪付 APP 中通过加油站 GPS 定位、油枪号查询支付订单，并通过 APP 内的线上支付方式完成加油费用的支付。

流程：车主停车—加油—云闪付 APP 中输入油枪号—获取油品 / 加油金额—手机线上支付—前庭通知支付成功—车主离场。

3.无感加油

通过在加油机旁增加车牌识别设备和显示屏，利用银联智慧出行平台完成车主车牌绑定、银行卡绑定、信息传送、加油订单支付等一系列操作，提升车主加油体验。

流程：用户注册—绑定车牌及银行卡—设置加油偏好—用户进入加油站—车牌识别—前庭显示加油信息—确认加油信息—加油—无感扣款—前庭通知支付成功—车主

离场。

（二）上线"智慧通行平台"

围绕车主出行场景，中国银联打造了一系列便民生态圈，包括加油、充电、停车、高速及车后服务等场景，推进与合作伙伴深度合作，为广大车主提供便利。

平台功能：该平台具有线上加油、无感加油、卡券核销等功能，可基本满足车主加油、查询、支付及银联和银行营销等需求。

功能输入：作为开放式平台，中国银联支持石油公司以及加油行业服务商的业务输出到云闪付 APP，对加油平台进行赋能。

功能输出：根据合作方需要，平台集成功能后可将平台相应功能向合作伙伴进行输出，实现互相引流。

第四节　继续深化校园医疗场景应用

为深入贯彻落实"最多跑一次"改革，借助浙江省政府力量，利用"线上＋线下"双管齐下，积极搭建便民医疗场景和校园场景平台，落实浙江省政府打造"移动支付之省"建设。

一、医疗场景应用

浙江省卫健积极响应省政府"最多跑一次"政治要求，发布 2019 年医疗卫生领域"最多跑一次"改革十大项目工作细则，提出"费用结算医后付""互联网＋更丰富""普及基层医疗卫生机构智慧结算"等相关意见。为助力省政府"最多跑一次"工程以及省卫计委"改善医疗卫生服务项目"工作，中国银联建设智慧医疗、社保金融和电子健康卡三大平台，依托电子社保卡、电子健康卡实现"三医联动"，积极开展移动支付便民工程中医疗场景建设。

（一）线下受理改造

截至 2019 年底，浙江省内累计超 500 家医院支持受理银联移动支付方式，其中三甲医院近 60 家。推动"浙里办"APP 上线电子健康卡银联订单支付、免密支付、医后付等相关产品，同时推动电子社保卡开通银联订单支付、免密支付等产品。

（二）线上平台建设

1.就医平台

搭建线上就医诊疗服务平台，浙江省内 20 多家医院上线预约挂号、报告查询、在线支付、住院清单查询等多项服务，满足用户线上就医需求；同时上线全省电子健康卡签发功能。

全国首创推出预授权＋免密支付的"医后付"产品，并纳入浙江省卫健 2019 年度"先诊疗后付费"创新推广应用，覆盖省级医院 5 家、地市医院 31 家。

2. 社保平台

建设线上社保平台，上线社保查询、参保证明打印等社保线上服务，为用户提供便捷线上社保服务。同时上线全省电子社保卡签发功能。

3. 健康平台

搭建线上健康服务平台，上线在线问诊、预约体检等健康服务内容，顺应健康服务线上化行业发展趋势。

二、校园场景应用

根据教育部深入推进校园管理信息化、完善教育信息化支撑保障机制、更好服务师生和教育管理工作和生活的要求，以及中国人民银行全国移动支付便民示范城市建设工作部署，浙江银联加大与高校的合作力度，通过与一卡通厂商、团餐公司等服务商合作，实现银联移动支付无障碍受理，推广电子校园卡、银联二维码、云闪付线上服务和校园内容等服务，覆盖校内消费、学杂费缴纳、门禁识别、会议签到、校内线上订餐等应用场景。截至 2019 年底，实现 49 所高校（62 个校区）的校内食堂受理银联二维码，其中 41 所高校（53 个校区）的食堂为终端改造方式。在浙江海洋大学、浙江工业大学、浙江警察学院、义乌工商职业技术学院均实现了一体化校园解决方案，师生可领取电子校园卡实现身份识别功能。

（一）校园场景的服务背景

传统的校园支付场景校园内外信息有沟壑，优质补贴资源无法进入校内，实体校园一卡通易丢失、无法监管冒用补助资金，校园自建 APP 内容缺失、无支付技术标准等问题，而移动化、智能化、数字化又是年轻一代学子的基本生活习惯。本着为校园师生提供全场景移动便民支付优质服务，银联移动支付发挥支付领域信息化引领者、创新者的优势地位和成功经验，整合商业银行、支付机构和校园信息技术服务商能力，提供解决方案研发、技术标准制定、政策风险把控、内容服务输出，打造符合移动化、智能化发展趋势的开放式数字校园综合服务平台。

（二）校园场景移动支付解决方案

1. 电子校园卡

在云闪付 APP 中支持电子校园一卡通支付、身份认证功能，可实现银行 APP、学校 APP 同步支持、多入口并存。

（1）基于实体一卡通。以云闪付 APP、银行 APP、学校 APP 为入口，绑定存量实体校园卡，以银联二维码形式展现，直接映射到实体校园卡账户，是对实体校园一卡通的电子化、虚拟化。电子校园卡通过扫码完成识别和支付服务，支持主扫、被扫方式，支持食堂、商店、门禁、图书借阅、考勤等校内消费和认证场景。区别于第三方支付平台电子校园卡的特点是电子校园卡与实体校园卡共用一卡通账户，电子校园卡只是实体校园卡的二维码形态，尊重原有利益格局。

（2）基于银行 Ⅱ、Ⅲ类账户。为方便学生的校园生活，实现校园内的支付移动化、便捷化，对校园虚拟一卡通增开银行 Ⅱ、Ⅲ类账户，扩大一卡通在校外的使用范围。以银行 Ⅱ、Ⅲ类账户作为电子校园卡身份认证和账户载体，支持从 Ⅱ、Ⅲ类账户扣款及 Ⅰ类户关联扣款。在消费时，一卡通在校园内消费，Ⅱ、Ⅲ类账户的余额在绑定银联支付产品后，在所有能受理银联支付产品的受理环境中实现消费扣款。

（3）标准银行卡模式。通过云闪付 APP"收付款"菜单，选择已绑定的任意银行卡或 Ⅱ、Ⅲ类账户，直接以"付款码"识别身份和支付。

2. 银联二维码线下消费服务

升级校内一卡通 POS 终端，以"被扫"模式受理银联二维码，银联二维码清算数据纳入现有一卡通系统财务处理平台，银联二维码和一卡通整合对账。适用于基于身份的其他消费场景应用，如限定院系、限定年级、指定银行卡等。同时支持云闪付"电子校园卡"和"银行卡付款码"两种消费模式，均支持身份认证，禁止消费或收取不等额搭伙费等。

（1）独立智能 POS 模式。收单机构独立布放支持银联二维码受理的智能 POS 终端，收单机构直接与高校对账、划付资金。

（2）一卡通系统升级模式。基于银行已投资的一卡通系统进行微升级，在保持现有实体一卡通受理基础上，增加银联二维码受理。主要与高校一卡通系统服务商合作推进，不改变一卡通系统服务商、投资银行现有业务模式和利益格局。

3. 银联云闪付线上缴费服务

在云闪付 APP、银行 APP、学校 APP 中，提供校园一卡通充值、学杂费缴费、考试费缴纳、水电暖网费充值等在线支付服务。

4. 校园内容服务

在云闪付 APP 中，提供课程查询、成绩查询、在线选课、志愿服务、奖罚助贷、图书查询等学习工具服务，提供灯光远控、空调远控、校园订餐、快递收寄、校园班车、场地预约、会议室预定、报修报警、洗浴、实物招领等校内信息服务。

中国银联为校园 APP 提供政策、产品、技术、风控支持，在校园 APP 中实现与云闪付 APP 完全等同的缴费、理财和银行卡移动支付功能，助力学校 APP 走出校园，打造校园自有移动支付品牌，校园 APP 在校内外商户消费、营销、身份认证等应用，师生服务无"校界"。不仅可以为校园师生量身定制金融服务功能，例如分期付款、银行消费信贷等，杜绝非法校园贷等恶性事件发生，而且还可以实时获取校园 APP 用户的实时消费数据。同时校园 APP 可默认参与银联、银行的银联二维码营销活动，为师生提供衣食住行各类福利。

5. 金融增值服务

（1）一卡通自动充值。一卡通账户余额小于一定金额时，从银行Ⅱ、Ⅲ类户向一卡通账户充值，为在校师生提供更便捷的服务。

（2）一卡通余额退还。由高校自主发起，将毕业生一卡通余额实时划付到学生银行卡Ⅱ、Ⅲ类户或实体银行卡中，为毕业生提供更好的体验和满意度。

（3）金融产品。提供面向师生的专属理财、信贷、大学生信用卡等产品，合理引导师生消费。

第五节　继续创新菜场、自助终端场景应用

民以食为天，小小的餐桌也成为银联着力耕耘的黄金地。菜市场、自助终端等多个便民场景，浙江银联不断拓展其覆盖的广度和深度，为市民提供安全便捷的移动支付服务。

一、菜场场景应用

（一）项目背景

菜场场景交易金额小、频次高，是与广大市民密切相关的日常生活领域，也是移动支付便民工程十大场景之一。传统菜场小微商户居多，存在管理方多头、经营户分散、从业者素质较低等特点。传统 POS 终端成本高，加之支付宝、微信以转账码抢占市场，极大地限制了银行卡收单业务在菜场场景的推广。面对市场拓展的不利局面，在人民银行的指导下，浙江银联联合交行、中行、农行、邮储银行等收单机构积极推动"云闪付"在菜场场景的有效应用，为广大市民提供安全便捷的移动支付服务。

（二）场景建设

1. 明确支付方式

"云闪付"菜场场景采用银联静态二维码布码、消费者主扫的轻模式，解决了浙江地区秤具改造成本大的问题，适合快速拓展、推广复制。

2.构建拓展模式

在杭州地区，浙江银联充分借助杭州市农贸市场行业协会的作用，建立了"银联统筹、协会组织、管理方推动、收单机构落地"的拓展模式。一方面，通过行业协会协调各个市场管理方，进而由市场管理方组织经营户推荐受理银联支付方式；另一方面，充分调动收单机构的积极性，银行工作人员派驻现场引导，不仅快速响应了经营户需求，而且现场向用户推广更具可信性。

3.制订建设标准

为保证菜场场景的有效拓展，提高银联二维码的留存率，针对杭州地区提出"五个一"建设标准，即"一个经营户拓展上线、一张受理标识整齐布放、一张现场照片留档备查、一笔有效交易确保合规、一张防范套利告知函签收到位"，既保证了菜场经营户的有效性、真实性，又将经营户培训工作落到实处；既保证了银联标识布放到位，又形成了一套规范的拓展操作流程。

4.有效防范套利

针对静态码易传播、套利行为难杜绝的劣势，浙江银联联合行业方、收单银行共同商榷套利处理机制，持续采用发函逐个告知、现场监控调查、取消活动资格、追回套利所得等一系列措施，极大地遏制了菜场场景套利行为。

（三）应用成效

截至2019年底，"云闪付"菜场遍布全省各个地市郊县，全省（宁波除外）累计拓展菜场200余个，拓展受理银联支付经营户8 200余户，"云闪付"菜场的建设也为疫情期间"无接触"支付的普及打下基础。为保证菜场场景的普及应用，浙江银联通过联合收单机构回访、持续营销等方式，持续保持存量菜场受理经营户留存率，培养用户云闪付使用习惯，提升银联二维码有效交易笔数，2019年累计交易总笔数达536万余笔。

二、自助终端场景应用

随着市场互联网化的深入，浙江银联加大了对各类自助售货和自助服务形态的研究和受理拓展。截至2019年底，全省超6.1万台自助售货终端，包括自助售货机、按摩椅、娃娃机等终端类型支持受理银联移动支付，2019年全省自助售货交易笔数约645万笔，总金额3 506万元。尤其是通过加强与自助商户业务合作，2019年下半年自助终端场景交易笔数环比增长45%，涨势明显。从移动交易量角度来看，自助场景已经成为浙江银联继公交地铁之后的第三个优势场景。

第六节 继续扩展政务、停车缴费场景应用

随着互联网金融的发展，让缴费方式快速迈向移动端，通过持续满足用户需求的引导，浙江银联不间断提供快捷、便利、舒适的缴费方式成为用户青睐的选择。

一、政务缴费场景应用

政务缴费的推出通过大数据应用实现"数据多跑路，百姓少跑腿"，打通数据孤岛，提高政府服务效率，提升百姓获得感，提升服务易得化。

（一）场景建设

缴费项目接入银联缴费内容平台，并可供银联及银联合作机构使用，支持查询、销账、代收等接口。缴费业务线下受理终端设备完成移动支付受理改造，支持银联手机闪付或者二维码支付。缴纳水费、电费、燃气费、有线电视费、通信费、供热费、物业费等均属于缴费场景。

（二）应用成效

通过与"浙里办"政务服务平台的对接，通过云闪付APP可在线办理完成包括税费缴纳、学费缴交、违章缴款在内的187项非税费用缴纳业务，涉及行政执行单位8 600多家，覆盖浙江地区用户政务服务及日常生活缴费的主要方面。

二、停车缴费场景应用

随着机动车保有量的快速增长，停车需求愈加突出。2018年以来，杭州市委市政府全力推动城市大脑城管系统建设，推进"便捷泊车·先离场后付费"服务，破解停车难难题，实现停车精准管理和非现金快速支付，有效提高停车场运转效率。

（一）场景特点

1.运营方分散，行业管理方不统一

停车行业管理方、运营方分散，没有统一管理方，场景难以统一管理运营，需要单独拓展对接。

2.车辆识别日益普及

停车场硬件设备自动识别车牌已成为标配。

3.无感停车成为趋势

无感停车基于车牌识别和银行卡代扣，实现用户无感支付。随着车牌识别和电子化停车后台的日益普及，停车服务商愈加专业化、规模化，车主对无感停车接受度增加，无感停车成为当前停车领域的趋势。

4. 政府将停车问题纳入市政重点工作

杭州市城市大脑项目是市委市政府"一号工程"，其中停车板块受到杭州市委领导重点关注，全力推行"先离场后缴费"的无感缴费模式。

（二）解决方案

1. 先离场后缴费

"先离场后缴费"实质为绑定车牌并绑定信用卡作代扣，车主首次使用前，需在云闪付 APP 或行业方 APP 内将车牌信息与信用卡进行签约绑定。当用户驾驶车辆进入停车场时，会收到入场短信通知。当离开停车场时，通过车牌识别抬杆放行，车辆离场后发起扣款，并收到短信通知，实现了车辆进入和驶出停车场时的"无感"。

2. 场内自助缴费

车主离场前，打开云闪付 APP 扫描场内张贴的静态二维码或扫描自助付款机上的动态二维码，通过输入车牌号查询车辆缴费信息，并根据订单信息进行付款。

3. 人工收费窗口

在人工收费窗口，布放可同时受理银联闪付和银联二维码的终端设备，并与停车场计费系统相连。一旦系统识别车牌即自动传输金额至终端设备，车主既可以使用带有闪付标识的银联 IC 卡或各类手机闪付进行支付，也可以打开云闪付 APP 及各家银行手机银行 APP 展示付款码，由终端扫码完成支付。

（三）应用情况

杭州道路停车项目与杭州市城管委开展合作，实现杭州城区 1.2 万个泊位银联支付方式全覆盖，银联支付方式在该场景下的占比峰值达到 15%。

截至 2019 年底，全省累计近 400 个停车场上线银联无感停车，其中，已接入到杭州城市大脑停车系统中的停车场累计 134 个，包括浙二医院停车场、杭州大厦 501 广场停车场、湖滨银泰 A 区地下车库、城站火车站停车场、杭州国际博览中心停车场等标志性停车场。

（四）项目意义

1. 提高收银效率

与传统的线下人工现金收费相比，该解决方案交易速度快，能满足停车场内快速通行的需求，避免排队停留。省去了发卡、管理、现金收取等繁琐工作，降低了业务风险和财务成本，节约收银时间，提升收银效率。

2. 提升停车场管理

停车场管理方实现电子化车辆信息管理，并逐渐实现无人值守停车管理，有效降低人力成本，实现精细化管理。

3. 优化车主体验

为车主提供多元化的停车费支付方式，"先离场后缴费"的无感出入体验，为车主提供更便捷更安心的"无接触"支付感受。

4. 助推业务发展

银行卡的移动支付（主动支付）或代扣服务为银行发展银行卡客户、结算客户及提升服务形象、增强客户黏合度提供了有效的手段，大幅度提高了活卡率，促进了移动金融业务发展。

第六章 创新模式提升服务能力

Service Innovation

当前，随着支付技术的发展和商业应用，浙江省银行卡产业加快推动创新技术能力和服务能力建设，持续优化受理环境改造和商圈街区建设，为银联卡持卡人提供优质的权益服务。通过国内外产业各方的广泛深入合作，进一步扩大产业支付生态圈，扩大银联的知名度和影响力，打造银联国际品牌。

第一节　受理环境优化改造

2019 年，浙江省银行卡产业全面铺开受理环境建设，致力于推动银行卡受理市场建设进入加速发展的快车道，从"单纯开展功能改造"转为"提升交易质量、提升交易感知"，从"铺面"转为"深耕细作交易场景"。浙江银联、各商业银行与产业各方联合共建受理市场生态，巩固传统受理市场，积极培育新兴业务，夯实银联移动支付基础受理环境，逐步实现主流商户受理全覆盖。

一、品牌连锁商户改造

银联受理网络覆盖广大品牌连锁商户，通过商圈联合建设、联合运营机制，结合线上互联网数据筛选、线下地推巡检活动，梳理符合条件的目标商户，开展收单机构改造升级，对品牌连锁商户进行上门培训、张贴标识、交易检测，切实加强商户的云闪付、二维码、小额免密改造等功能。同时，加强与第三方服务商的深入合作，吸纳优质服务商品牌商户，针对性开展营销活动，持续加强与品牌商户的合作关系。2019 年，新增完成品牌连锁类商户品牌 297 个，门店 16 049 个，进一步扩大品牌商户的改造范围。

二、MIS 商户改造

2019 年，浙江银联加大对商户原有的 MIS 系统改造力度，完善银行卡受理功能的支付交易系统，进一步打造 POS–MIS 系统，拓展银行卡支付渠道，优化商户用卡环境。一方面，围绕重点商户开展 MIS 系统改造，重点拓展九月生活、龙湖天街、一鸣奶吧、中石化 BP 等商户，投入专项营销资金，推动商户升级改造；另一方面，积极开展 SAAS 系统服务商合作，以点带面扩大商户改造范围，确保基本覆盖省内重点商户的 MIS 系统。全年完成改造门店数量 8 000 余个，持续巩固重点 MIS 商户受理功能改造成果，确保商户活跃率达到 90% 以上。

三、小微商户改造

通过优化小微商户拓展机制，完善小微商户服务入网平台，建立小微运营体系，持续推进小微商户营销活动，提高小微场景云闪付 APP 活跃率，2019 年共拓展完成小微商户改造 109 万户。浙江银联以浙江农信全省小微商户换码工作为契机，全面推动农信收单小微商户支持银联二维码受理，将存量 77 万商户进行码牌升级，拓宽云闪付 APP 受理面。此外，充分发挥云闪付二维码支付优势，推动建行、农行、中行等国有银行小微商户受理改造，加强与美团、收钱吧、超盟等服务商合作，配合收单机构开展形式多样的小微商户营销活动，加大小微受理拓展，增强小微商户运营管理的便捷与高效。

四、商圈街区改造

浙江银联商圈平台将众多合作商家资源聚集起来实现资源共享，利用平台效应吸引更多商家加入，形成商圈街区系统。在人民银行的支持下，2019年初建立商圈街区建设工作机制，即由浙江银联和发卡行共同投入建设经费，由辖内机构主动认领承建，以每月公布督促的形式开展。同时，浙江银联加大投入营销资源，根据商圈特点开展特色营销活动，重点突出频率高、折扣大的优势。2019年完成杭州地区商圈建设20个，商户活跃率达到100%。

五、受理软环境建设

在受理环境优化改造过程中，浙江银联坚持将硬环境建设与软环境建设相结合，努力使硬环境更硬、软环境更优。一方面，扩大标识张贴覆盖面。建立并实施《浙江省移动支付便民工程受理标识张贴工作巡查通报机制》，每月提供各收单机构受理标识布放情况并进行通报。推进辖内银行对本行ATM机具受理标识张贴，同时与服务商达成合作协议，跟进总对总签约合作机构标识布放进展，做好有联APP操作指导和数据导出、咨询，协助机构领取标识。另一方面，2019年加强收银员培训与激励机制，强化商户受理意愿。全年推广空白红包码14万个，对解百、衣之家、水晶城、金海城等重点商户收银员进行上门培训，试点收银员开放平台，有效调动收银员的主动性和能动性，不断提升受理软环境。

六、新兴业务培育

为适应数字时代银行卡支付互联网化的趋势，不断培育新兴业务，优化受理环境建设。针对线上业务，大力引导优质的、存有自有场景的非金机构在浙江落地，借助新无卡业务在部分领域的价格优势，拓展空白市场，截至2019年底新无卡业务约50万笔/天。在二维码与PAY业务方面，全年共实现二维码交易笔数1.56亿笔，同比增长234.7%。同时借助公交、地铁等高频民生场景，持续提升PAY交易笔数，银联受理覆盖面迅速扩大。

第二节　权益体系多元整合

2017 年 5 月，浙江银联率先以平台化、系统化、规范化为建设目标，建成银联卡权益 E 化平台，实现权益使用全程线上化、智能化，并于 2018 年 9 月上升为全国性平台。此后，浙江银联逐步推进权益体系建设，完善权益平台功能，丰富系列权益产品，开发多项小额、高频、刚性的本地权益，建立与商业银行"1+X"权益合作机制，有力提升银行卡使用活跃率与客户粘性。截至 2019 年底，平台累计绑卡用户 66 万户，新增用户 56 万户，同比增长 473.9%；绑卡量 157 万张，新增 143 万张，同比增长 874%。

一、权益平台持续创新

为适应业务发展和市场需求，浙江省银行卡权益平台针对持卡人权益服务中的痛点问题，创新丰富平台内容，充分利用动态化权益，形成高端卡地方特色权益体系，切实提升持卡人权益的服务满意度。

2019 年，权益平台总订单量超过 116 万单，其中话费权益订单总量超过 70 万单，洗车权益订单总量超过 28 万单，加油权益订单总量超过 5 万单，代驾权益订单总量超过 2 万单，累计促进云闪付 APP 交易量超过 170 万笔，促进云闪付浙江地区新增绑卡 80 余万张。

（一）平台功能

分为客户端页面和后台管理页面。客户端页面是面向所有 62 开头的标准银联信用卡持卡人权益体验页面，包含基础功能栏、权益报名专区、车主权益一键使用、银联权益、银行权益及更多服务，涵盖了持卡人所需的全部权益体验功能。

后台管理页面是权益平台的可视化操作界面，可设置不同的权益使用规则，实时查询处理平台交易信息，配合动态权益规则，通过设置交易金额、笔数、周期、商户等实现持卡人权益的动态化与即时化。

同时，银联设置了一系列风控机制，包括单笔消费金额过大、单日消费笔数过多、单日累计金额过大、单月权益核销次数过多等方面。风险管理设置系统连接开关，在合作服务商系统判定出现重大问题时紧急中断，阻止所有交易往来，有效规避系统风险。

（二）特点与优势

1. 平台特点

基于自身品牌优势，银联积极寻求与高质量、高知名度企业的战略资源合作，引入优势资源与合作银行共享，使银行在短时间内迅速建立自身权益体系，提高银行发卡量，实现优势资源共享。配置规则灵活，由原先动态规则相对单一转变为多元灵活的配置规则，有效提升活动的参与度。实现服务体系优化，在专属运营方的支持下建立信用卡权益专属服务体系，包括 24 小时在线投诉处理机制、日周月数据分析机制、综合性营销推广等，通过线上线下综合运营大大提高客户体验水平，进一步加强用卡率和客户黏性。

2. 平台优势

一方面，银联权益平台通过客户消费偏好和行为分析定制个性化的营销宣传，提高客户对银联卡的认知基础，将客户价值最大化。另一方面，运营管理最优化。通过统筹管理和按需分配的方式将不同权益出售给有需求的银行，实现资源配置最优化；通过平台化管理，系统性管理各个内容方的权益配置、使用对象限制、订单信息管理等，监控权益平台使用过程中的各项风险，实现管理效率最高化。

（三）合作模式

商业银行作为权益平台的渠道方，针对持卡人的权益需求进行权益服务，根据卡种 / 卡 BIN/ 卡号进行规则定制并提交浙江银联，确定费用结算方式。以云闪付 APP 为入口，在银联提供的基本权益基础上叠加需求的权益。持卡人下载并注册云闪付后，绑定对应银行卡即可享受权益。以银行公众号或 APP 为入口，权益平台进行定制输出，用户登录银行端 APP 即可享受定制权益。

（四）产品内容

1. 开展话费权益业务

2019 年，浙江银联开展了话费权益活动，以 62 开头的银联标准卡用户报名后，满足云闪付 APP 二维码消费 1 笔且每笔最低消费 1 元后，即可获得 1 张 5 元话费权益，并可兑换成等值话费进行充值。

2. 增加加油权益业务

以 62 开头的银联标准卡用户报名后，每自然月内通过银联云闪付 APP 二维码消费满 3 笔，且每笔交易最低消费 1 元后，即可获赠 9 折加油权益。加油权益采用先支付后核销的模式，用户完成支付后显示加油券二维码，可在中石油的加油站扫码使用。

3. 推行洗车权益业务

该业务目前已覆盖浙江省内各县市超过 1500 家洗车网点，用户在平台点击"一元洗车"—"我要洗车"—选择权益后系统出示核销二维码，即可享受 1 元洗车服务。银联目前开展面向 62 开头的标准银联高端卡权益活动，用户参与 1 元洗车权益可抵扣 20 元洗车费用，其中 19 元由银联补贴。

4. 推广代驾权益业务

面向浙江地区（除宁波）62 开头的标准银联高端卡用户开展 1 元代驾权益活动，持卡人凭权益平台领取的代驾权益，在线支付 1 元即可享受滴滴代驾服务，1 元最高抵扣 20 元，无溢价及接驾费，可免费等待 10 分钟，超出部分用户自付。

二、权益体系优化建设

2019 年以来，继续推进并完善银联卡权益 E 化平台，运用移动互联网的思维和方法开展权益推广，为持卡人使用权益提供店小二式服务，将权益与交易贡献度模型相结合，大大提升了用户体验，拓展了传统权益内涵，提高了高贡献用户的价值，受到商业银行和持卡人的广泛好评。

（一）权益体验得到加强

2019 年，浙江银联打通了平台用户体系与银联统一用户体系，开拓云闪付 APP 作为权益平台的新渠道，同时支持云闪付 APP、公众号、银行 APP 等多种输出渠道，权益平台的开放性得到进一步完善。银联将动态权益与商业银行实际业务需求相结合，开展了加油权益、话费权益、一折购等一系列动态权益活动。

作为一个平台性建设项目，浙江银联权益平台建设以开放 + 互联网 + 金融的业态模式，打通多家服务商后台，引入视频会员、休闲娱乐、美食商超等千种权益，通过银联数据进行业务营销和风险防控，实现了银行快速定制卡权益的综合需要，将权益体验做到了极致。

（二）拓展体系持续创新

按照互为平台、互为内容、互为渠道的理念，改变以往自主拓展的方式，吸引各种机构将其有价值的小额、高频、刚性权益项目，采用平台对平台方式快速稳定地接入权益 E 化平台，促进权益服务网点迅速形成规模。同时瞄准线上新型权益产品持续发力，帮助商业银行提升线上客户流量，真正做到蛛网级权益覆盖。截至目前，话费、代驾、视频会员、美食产品等权益已渗透至全省各个持卡人，洗车、加油权益服务网点覆盖全省所有县域（除宁波），网点数量达 2 000 多个。

（三）权益推广得到升级

浙江银联继续坚持卡组织平台定位，紧紧围绕持卡人与商业银行核心需求，探索符合移动互联网规律的权益推广思路，演绎线上线下新融合，助力商业银行数字化转型升级。采取"1+X"服务模式，为符合条件的银行卡持卡人提供每月 1 次的权益服务，商业银行可在此基础上出资提供每月 X 次的叠加权益服务。开展"整年打包 + 个性租包"服务，根据不同需求将所有权益整年打包提供给特定商业银行。采用"后台接入 + 前台推送"，以后台接入方式快速嵌入 APP、公众号、小程序等商城或生活服务平台，以前台链接推送方式供持卡人使用。采用"受理接入 + 发卡接入"，既可把商业银行作为受理方，受理所有银行卡的权益使用，也可将其作为发卡方，只受理本行银行卡的权益使用。此外，浙江银联通过借助银联大数据系统精准定位目标客群，打通商业银行宣传渠道、数据分析和线下巡检建设权益示范门店等措施实现精准实效营销，大大提升了权益平台的品牌形象和用户知名度。

（四）商业模式得到完善

权益平台特有的商业模式"七方模式"引入业务管理方、技术开发方、运营方、内容方、渠道方、拓展方与收单方，进一步实现权益价值变现。其中业务管理方由浙江银联承担，负责统筹管理权益建设；技术开发方负责系统对接；运营方负责日常运营工作，实现权益的价值变现；内容方负责整合商户，将银联权益特约商户展示在平台服务中；渠道方包括银行及银联钱包等入口角色，负责向用户提供服务，并向权益平台输送用户及营销资源；拓展方负责权益内容的拓展开发；收单方通过拓展激励促进拓展方拓展内容。基于这一整套业务模式，促进权益建设稳步发展。

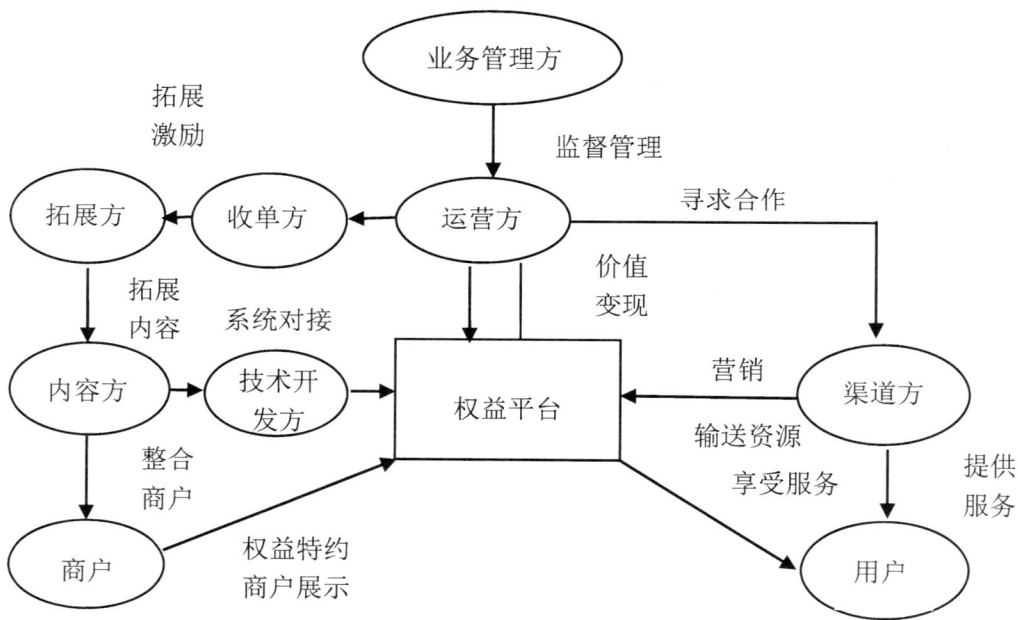

图 6-1 权益商业模式"七方模式"结构图

（五）运营体系得到优化

通过加大运营方和商业银行的合作力度，尝试通过差价及服务费实现自我盈利等手段，构建权益平台三级运营模式。第一层级为权益平台及其运营方。运营方负责权益平台的运营工作，包括产品运营和市场运营。产品运营主要负责产品界面优化、用户体验流程优化、平台功能完善、营销推广等；市场运营包括提供权益的服务商和银行的接入与管理。第二层级为服务提供方及银行，由运营方进行对接和统筹管理。第三层级为服务商旗下的服务网点，由服务商对其旗下服务网点的服务质量进行管理，由此至上而下逐层对权益平台的服务质量进行把控，以此提高银联权益的品牌形象。

平台层	产品设计	UI 设计	财务管理	规则配置
	市场推广	数据分析	质量管控	风控服务

服务层	内容方管理		渠道方管理	
	内容接入	技术对接	渠道接入	内容输出
	机构维护	订单管理	数据服务	对账服务

商户、用户层	服务网点管理	用户维护
	商户巡检	精准营销
	店员培训	客户服务

图 6-2　银联权益运营体系三级运营模式图

第三节　运行管理持续创新

随着支付技术创新日新月异，支付模式创新快速演进，支付应用创新向纵深发展，银联支付也正面临着来自创新的挑战和冲击。在新形势下，浙江银联积极适应以客户为中心的运营工作思路，创新成立集中作业中心，转变技术运营工作重心，从建设转向维护、从部署转向优化，强调内外部联动、前中后台联动、总分联动，创新建立了本地化运行管理体系。

通过梳理本地业务运营流程，完善出台《浙江银联运营管理办法（试行）》《浙江银联业务系统用户账号及权限管理办法》《浙江银联运营集中作业中心服务流程规则》

《浙江银联运营集中作业中心岗位职责》等管理办法，浙江银联充分发挥集中作业中心的显著优势，打通前中后台运行流程，切实提高效率，改进服务，防范风险。2019年，集中作业中心工单数量共计 1 906 单，每月工单数从 84 单增加至 317 单，SLA[1] 从 2.77 下降至 0.79 天，单个工作日内完成工单比例从 43.94% 增长至 72.56%。

一、强化机构和商户入网服务

持续强化机构入网服务，做好日常成员机构入网、交易异常查询、清算对账、清算异常查询、投入补偿机制操作等工作，全年全渠道类入网 30 家，二维码收单业务 11 家，机构名称变更 2 家，32 域添加 3 家，文件参数调整 11 家，直联收单机构 4 家，小额支付 6 家，网络扎口 5 家，平台权限开通 6 家，账户直付 3 家，FTP 服务器用户申请 4 家，更改资金清算账户 4 家，村镇银行入网 3 家。

在商户入网服务方面，加强非标商户审核与全渠道商户入网工作，全年共审核线下非标商户 2 900 余个，全渠道商户入网近 1 020 个，受理 UOSP 入网需求服务单 480 单、变更需求服务单 275 单，提交各类服务单 800 余单。同时，继续加强备付金断直连建设，顺利完成 85 家存量商户全面评估工作，推动辖内区域性银行和部分全国性银行区域分行条码收单系统接入银联系统，推动浙江银商、合利宝、拉卡拉、新生支付、杭州银行等非金机构、股份制银行和区域银行通过银联条码前置平台开展业务，进一步强化辖内机构的收单侧断直连建设。

二、强化业务改造

为适应新形势下不断发展变化的运营管理模式，满足客户动态化需求，兼顾管理与服务的职能，平衡安全与效率的矛盾，浙江银联针对业务运营流程凸显的代收发卡侧业务问题、Ⅱ、Ⅲ类账户开户验证四要素环节、小额支付系统接入问题进行改造完善，推动辖内机构进行单位 Token 贷记业务改造与银联二维码预授权改造，积极配合银联国际完成辖内发卡机构的银联国际价改工作，修改完成直联商户计费算法，进一步改善本地业务运行体系。

三、强化数据分析服务

浙江银联持续加强综合信息服务平台二期建设，重点完成 U 聊推送 2.0 开发及后续优化，搭建起本地流水数据库，完成移动支付便民工程发卡侧报表版本更新、受理侧报表处理过程更新。全年综合 2 期平台运行维护工作，主要涉及集群节点运维、集群计算任务 Bug 修复、平台页面 Bug 修复及日常维护等方面，不同程度满足了人行和

1　SLA：Service-Level Agreement 的缩写，即服务级别协议，是指提供服务的企业与客户之间就服务的品质、水准、性能等方面所达成的双方共同认可的协议或契约。

各商业银行相关个性化数据需求。

浙江银联每月对行业业务发展形势、KPI指标完成情况、重点业务、重点场景进行跟踪分析，为人行、各商业银行等机构提供各类数据服务，做好机构数据服务与业务相关统计分析，全年合计380余件。

四、强化技术运营管理

技术运营工作的稳定与创新为本地业务运行管理提供了坚实的保障，进一步深化了运营管理体系建设。

（一）生产系统稳定运行

2019年，根据系统运维一体化的工作思路，以"生产安全、信息安全"为宗旨，大力加强生产系统安全建设，部署各项专业监控工具，全面覆盖IT基础设施，有效干预了本地生产事件，有效支撑了2019年网络安全实战演练（即护网行动）的防守任务，将行业生产安全保障能力从业务连续性保障提升至信息安全保障。同时，完成内容转接平台、账户直付平台的系统安全监测，完成应急演练26项，充分体现了银联IT基础环境的可靠性。

（二）项目管理持续深化

以"一体化监控"为思路，充分考虑业务背景和信息安全要求，发布《技术项目管理实施细则》，加快建设办公终端认证系统、运维审计堡垒机系统、生产网络流量分析回溯系统、生产网络IPS安全设备与数据库备份系统，加强技术项目的管理与执行，确保项目实施达到最大效果。

五、强化客服服务工作

通过加强后台客服人员队伍建设，开展一系列培训演练活动，进而提升客服人员综合素质，保证客户投诉与其他需求能够得到及时满意的解决回复，提升银联的行业评价。2019年共计转递客服投诉单3 048条，及时处理率达100%，5日结案率达99.88%，其中处理公交公司转发投诉869条，接待房地产企业审核盖章需求41次，报备辖内机构停机事项39次，处理营销配置工单500余单，配合修改各类营销活动1 000余个。

第四节　商圈服务不断升级

2019 年，随着浙江省银行卡产业市场营销、系统管理、客户服务、业务支撑等方面综合水平的日益提高，银联商圈建设得到加强，商圈服务不断升级，用户支付体验进一步优化。浙江银联聚焦产业和社会各方力量，致力于打造移动支付标杆示范性商圈（街区）场景，加快推进移动支付便民工程建设。

截至 2019 年底，商圈平台录入商户 77 028 户，签约商户 18 792 户。通过商圈平台的运营方开展的银行营销活动达 150 余个，累计承兑金额约为 2 302 万元，覆盖工农中建交等 40 多家银行，充分发挥商圈平台的资源优势。

一、深入推进商圈建设

2019 年第一次浙江省成员机构联席会议讨论通过了《浙江省移动支付便民示范工程重点受理商圈（街区、商户）共建机制》，携手 34 家成员机构共同推进浙江省示范商圈受理环境建设，计划建设具有较大规模和行业优势的全省示范商业中心商圈不少于 50 个，其中杭州商圈不少于 25 个，县域商圈不少于 29 个。

为加强商圈建设领导工作，成立了由人民银行杭州中心支行支付结算处领导，10 家发卡银行和银联组成的商圈共建小组，建立月度例会制度，打造常态化营销队伍，积极开展营销活动拓宽云闪付获客渠道，持续加大宣传力度，通过店内宣传、云闪付展示券和其他宣传媒介开展活动宣传，促进宣传效果最大化。截至 2019 年底，全省共建成 81 个商圈、13 条街区。商圈内超万家门店支持银联手机闪付或云闪付二维码支付，基本满足了便民支付需求。

二、创新打造商圈平台

商圈服务平台（银联商圈）作为云闪付 APP 在浙江地区本地化前置后台，是整合线上线下优质商户资源，按照地理位置分布、商户种类、交易特征、用户偏好等规则组成的商户集合，打造金融增值服务型团购平台和 O2O 平台。商圈平台纳入存量优质商户，积极拓展全新商户推送给各家银行，提供了涵盖营销活动配置、商户沟通、门店巡检及活动数据分析等内容的一站式营销服务。

（一）平台功能

银联商圈系统由权限管理系统、商户管理系统、营销配置系统和数据服务系统四部分组成，通过系统商户整合、营销配置、交易提醒、数据统计等功能实现交叉营销、相互引流，从技术上支持商圈内商户之间的有机联系，为发卡行及产业各方提供高效便捷的营销服务。

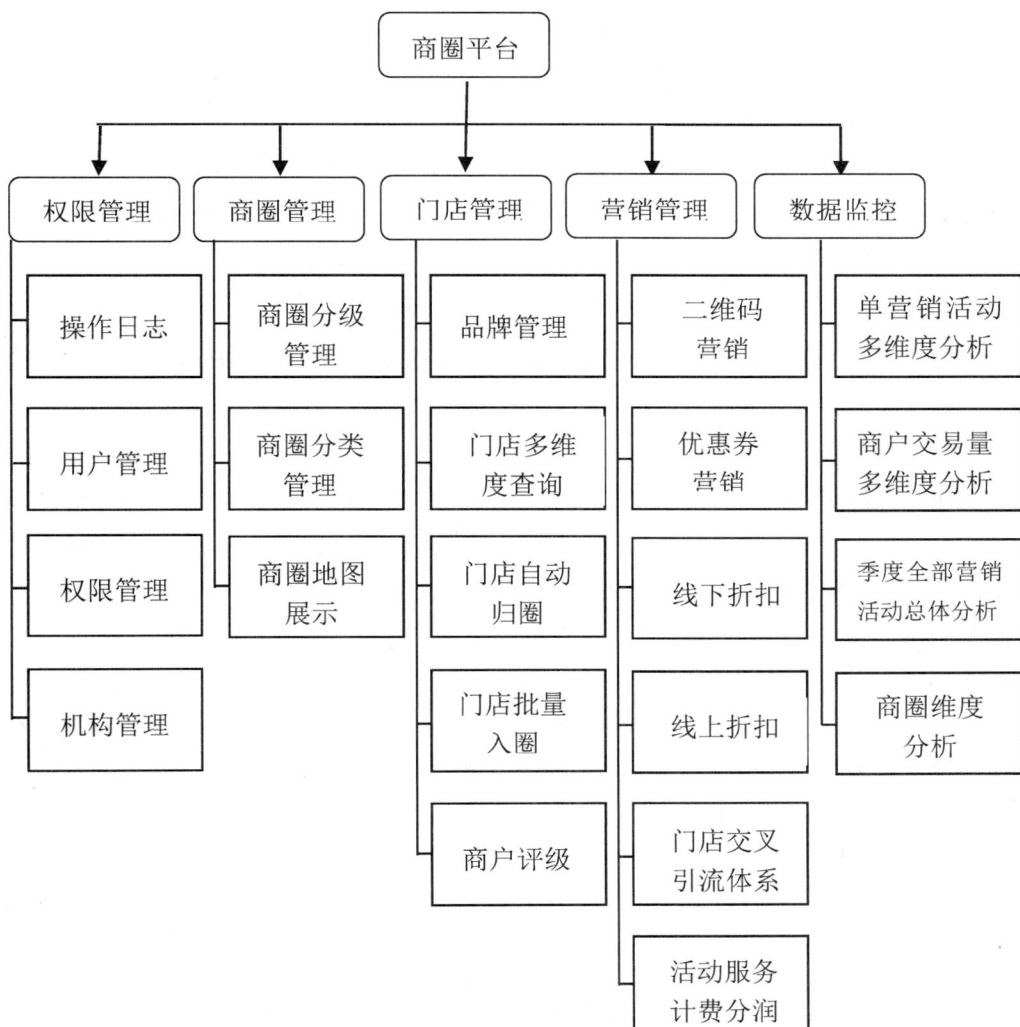

```
                            ┌──────────┐
                            │  商圈平台  │
                            └──────────┘
        ┌────────┬────────┬────┴────┬────────┬────────┐
        ▼        ▼        ▼         ▼        ▼
   ┌────────┐┌────────┐┌────────┐┌────────┐┌────────┐
   │ 权限管理 ││ 商圈管理 ││ 门店管理 ││ 营销管理 ││ 数据监控 │
   └────────┘└────────┘└────────┘└────────┘└────────┘
```

权限管理	商圈管理	门店管理	营销管理	数据监控
操作日志	商圈分级管理	品牌管理	二维码营销	单营销活动多维度分析
用户管理	商圈分类管理	门店多维度查询	优惠券营销	商户交易量多维度分析
权限管理	商圈地图展示	门店自动归圈	线下折扣	季度全部营销活动总体分析
机构管理		门店批量入圈	线上折扣	商圈维度分析
		商户评级	门店交叉引流体系	
			活动服务计费分润	

图 6-3　银联商圈平台功能示意图

（二）运营机制

建立商圈运营管理和服务机制，按照"投入共担，合作共赢，收益共享"的市场化运作机制，在遵循现有收单利益关系不变的前提下，以受理市场联合共建为目标，整合优质商户资源，为支付产业各方提供专业化的商户运营服务。

1. 商圈运营机构及人员

组建专业化的银联商圈运营团队，包括运营管理团队、商户拓展专员团队和地推团队，负责商圈日常管理和运营。其中运营管理团队为专业程度高且不与收单业务方有冲突的合作机构；商户拓展专员团队由收单机构派员组成，负责落实和联系本单位收单商户的入圈工作；地推团队由常驻地推人员和临时组建的地推队伍组成，负责响应各类营销活动的需求。

2. 商圈运营工作形式

以"银联钱包、银联商圈运营服务中心"的名义，银联对其经营范围给予品牌授权，并参与商圈拓展团队的收单机构拓展人员管理。银联和合作方共同探索建立商业模式，计划在三年内打造运营方独立运营、收益共享的可持续发展商业模式。

3. 商圈运营工作任务

主要负责参与银联商圈系统的开发、建设和运营，组织落实商圈商户的拓展，收单机构拓展专员的日常管理，银联卡产品和卡权益的设计、开发和运营等工作。

（三）推广和应用

为更好地服务入圈商户，满足产业各方下沉到一线商户的各类需求，银联商圈服务中心打造了一支覆盖全省的上百人地推团队，逐步在各大银行开展自上而下的特色营销活动，通过各类折扣减、随机减、1元购、线上优惠等形式，将商户端与银行端有机结合，引入44家银行、1500余万元营销资金，促进商户和用户的粘性。

2019年，已有7.7万家商户门店入驻商圈平台，涉及辖内300余个知名品牌，成功打造了一个门店数超过3万的优质银联商户生态圈，覆盖餐饮美食、商超便利、文娱休闲等主要生活场景。通过商圈平台运营工作的不断深耕和商圈服务的不断升级，实现了多方资源的融通与共享。

第五节　国际合作深入推进

随着支付清算市场开放步伐的日益加快，市场"双向"开放特点逐步凸显，由单纯"引进来"转为"引进来、走出去"并重。2018年11月，中国人民银行会同中国银行保险监督管理委员会审查通过了连通（杭州）技术服务有限公司（以下简称连通公司）提交的银行卡清算机构筹备申请，并由该公司负责运营支持美国运通品牌卡在中国大陆地区使用的人民币清算网络。这是我国银行卡市场开放迈出的重要一步和具体成果，标志着银行卡国际合作的深入推进和银行卡市场服务水平的不断提升。

连通公司是美国运通公司与国内金融科技服务公司连连数字共同发起设立的合资公司，并作为市场主体申请筹备银行卡清算机构，运营美国运通品牌，是国内首家获准筹建银行卡人民币清算网络的外资公司。该公司主要经营网络系统技术咨询、技术支持和技术服务、市场营销策划和咨询等。连通公司的设立，充分结合了美国运通在全球品牌和网络、连连数字在国内市场洞察、资源和经验上的各项优势，使更多中国客户能够享受到美国运通全球网络所带来的权益和服务，满足产业各方多元化和差异化的需求。

第七章 规范市场和风险管理

Risk Management

2019 年，在多项监管措施的有力推动下，支付产业在高速增长中暴露的风险问题逐步化解，规范经营成为支付企业高质量发展的基石。在监管部门的指导下，行业支付严监管常态化工作进一步推进，风险识别力度持续加大，风险防控能力不断升级，整治力度继续提升，使行业发展环境得到净化，为浙江省银行卡产业驶入高质量发展新车道奠定了良好的基础。

第一节 规范市场经营行为

浙江省银行业加大对市场经营中虚假商户、虚构交易等行为的监测整治，建立行业业务规范和技术规范，重点打击无证经营、"T+0"垫资等行为，有效整治受理市场各类乱象，使潜在风险得到有效防范，营造风清气正的产业环境和市场秩序。

一、加快业务改造，规范业务行为

银行卡技术标准作为银行卡产业各方共同遵守的技术依据，对协调和统一银行卡支付领域中的技术事项、推动产业发展起到了重要作用。

（一）推进银行卡贷记业务改造

为拓宽原代付业务应用场景，中国银联业务管理委员会于 2015 年将原代付业务升级改造为贷记业务，以政府机构、企事业单位或其他组织以及个人客户为付款方，个人结算账户或单位结算账户为收款方银联卡账户，付款方可通过自身的银行卡、现金或其他银行账户付款。贷记业务在原代付业务基础上进一步优化，为持卡人提供包括业务产品标识及付款方信息处理要求、入账状态查询交易等信息，全面支持 B2C、B2B、C2C 等各类付款业务场景，继承代付业务支持银行全面、交易质量高、7×24 小时无间断服务等综合优势，满足市场实际需求。

2019 年，浙江辖内共有 10 家区域性银行完成发卡侧借记卡和贷记卡的贷记业务改造，分别是浙江农信、杭州银行、嘉兴银行、绍兴银行、台州银行、金华银行、浙江泰隆商业银行、浙江民泰商业银行、温州银行、浙江稠州商业银行，浙江辖内完成改造的贷记业务交易规模达到 96%。此外，浙商银行发卡侧借记卡和贷记卡所有贷记业务改造也均已完成。

（二）实施银行卡受理终端安全管理

银联积极营造安全用卡的受理环境，不断提升产业的支付风险防控能力，加强支付结算管理，保护消费者财产安全和合法权益。

1.建立特约商户信息共享联防机制

2019 年 6 月 1 日，中国银联在商户信息注册公共服务平台正式上线"商户注册信息核验"和"商户历史签约变更信息查询"功能，通过银联网络数据支持成员机构落实"先查询，后注册"的监管要求，赋能商户安全管理。

2.严格管理受理终端

2019 年银联持续加大受理终端管理力度，严格风险监控与防范。4 月起，依托大数据分析校验平台，持续开展对受理终端注册信息和交易信息的监测与校验，面向发卡银行提供感知和防控受理侧风险的支持服务；6月，发布支持终端地理位置信息上送的直联终端统一版程序，并配以技术指南，为产业各方落实"关于终端地理位置信息监控要求"提供个性化改造支持；9月，银联正式面向成员机构提供直联终端地理位置信息明细报表，涉及受理地区、商户编码、交易时间、经纬度等终端信息，有效运用于受理终端移机风险监控。

二、强化市场管理，加大市场整治

通过严格入网审批、商户监控、交易数据侦测分析、现场检查等多种手段整治收单市场，约束违规商户，使受理环境得到明显改善。

（一）强化非标商户注册管理

通过商户现场注册、收单机构签订商户真实性承诺函、特殊扣率流程审批、小额代理入账、商户真实性现场检查等方式，建立非标商户管控机制，每日系统自动比对低零扣率商户，及时发现异常并强制删除非标标识。

（二）多举措净化市场环境

1. 加强商户交易监控

建立收单机构银行卡业务每日交易分析机制，监控收单机构各类非标商户的交易占比和信用卡交易占比，根据《银联卡受理市场违规约束实施细则》将违规行为纳入约束范畴。

2. 加强低零扣率商户管理

在人民银行等监管部门的大力支持与指导下，对浙江辖内机构利用银联网络套利、套现行为进行专项整治，分阶段、多批次地清理浙江辖内低零扣率商户，取得了显著的成效。

3. 推进受理市场监督投诉

银联鼓励机构或持卡人通过微信公众号或云闪付的银联晒单平台、95516客服投诉、支付举报中心等多渠道受理市场投诉，进一步维护受理市场环境与秩序。

4. 加强银联卡受理市场现场检查

打造一支专业检查队伍，通过定向检查和非定向检查的方式，现场检查收单商户是否存在虚假商户、变造交易、商户MCC违规、32域违规等各类违规行为，引导收单机构规范开展收单业务，维护产业各方合法权益。

5. 加强商户核对，推动异地收单商户32域落地

积极落实对已注销工商营业执照的商户核对工作，对9万余户商户进行核对整改并提示潜在风险。同时，在人民银行杭州中心支行的大力支持下，推动宁波招商、上

海工行等收单机构在浙江辖内受理商户的落地工作。

（三）加大受理市场整治

坚持以人民银行为领导，以商业银行为主体，以银联为枢纽、以支付机构为补充的支付产业发展道路和发展秩序，密切关注收单交易异常动态，如减免类、特计类商户占比异常，异地收单等情况，加强对无牌机构的市场掌控，防止"二清"行为产生，进一步加大受理市场整治力度，带头合规经营与发展。

第二节　银行卡产业风险分析

随着金融经济的迅速发展，全国银行业发卡量大幅上升，市场竞争日益激烈，发卡银行业机构面临着现实和潜在的风险，逐渐呈现出隐蔽性、复杂性、突发性、传染性、交叉性等特点和趋势。近年来，人民银行连续下发了一系列文件，明确支付创新业务开展的规范要求，推动支付市场回归本源、各参与主体回归本位，从根本上化解市场长期以来累积的各类风险。浙江省作为移动支付大省，更加面临着各类风险的冲击，对金融风险防范提出了更高的要求。

一、全国银行卡产业风险整体特征

2019年，在人民银行、各商业银行、各支付机构等单位的紧密合作下，全国银行卡产业风险达到了整体稳定可控的水平，银行卡欺诈交易金额同比下降1.79%，欺诈率同比下降25.63%。贷记卡欺诈损失率同比下降7.74%，近十年来持续处于较低水平，自2012年以来低于亚太地区水平。从欺诈类型占比来看，套现在银行卡欺诈总额中占比较上年上升14.26%；电信诈骗金额占比同比下降14.94%；互联网欺诈金额占比同比上升0.13%。同时，银行卡欺诈风险呈现出以下三大特征。

（一）发卡市场欺诈风险

凭借国家对电信网络诈骗的一系列严打措施，2019年借记卡欺诈金额呈现震荡下行趋势，欺诈金额同比下降25.22%，欺诈率同比下降48.70%。借记卡欺诈金额较大的为电信诈骗、互联网欺诈和账户盗用，其中电信诈骗、互联网欺诈金额同比分别下降27.07%和2.69%，账户盗用欺诈金额同比上升308.97%。贷记卡欺诈损失金额同比上升8.44%，欺诈损失率同比下降7.74%，持续处于历史低位。损失金额较大的为虚假申请、伪卡和互联网欺诈，其中虚假申请、伪卡欺诈损失占比同比分别下降5.33%和0.44%，互联网欺诈损失占比较上年上升6.40%。

发卡市场欺诈风险呈现出以下特征：借记卡电信诈骗风险降幅明显，欺诈金额持续震荡下降，尤其在第二、三季度呈现明显下降趋势；借记卡伪卡欺诈金额进一步减少，同比下降36.96%；借记卡互联网欺诈风险逐季下降，全年借记卡互联网欺诈金额同比下降2.69%；贷记卡伪卡盗刷加快向境外迁移，2019年贷记卡伪卡损失金额同比上升7.27%，境外发生伪卡损失较上年上升2.69%，境外伪卡损失占比上升明显。随着全球EVM迁移进程加快，境外部分尚未完成迁移的地区成为欺诈分子在窗口期内集中式作案的风险洼地；贷记卡虚假申请类欺诈风险略有下降，损失总额占比同比下降5.33%；贷记卡互联网欺诈损失金额在第三、四季度明显上升，全年贷记卡互联网欺诈损失金额同比上升167.95%。

（二）受理市场欺诈风险

2019年境内受理市场欺诈风险指标上升明显，受套现风险增加的影响，境内受理市场收单欺诈交易金额和欺诈率同比分别上升57.92%和68.10%，主要是套现、互联网欺诈、账户盗用三种欺诈类型。

同时，受理市场欺诈风险呈现出以下特征：套现风险向线上APP、创新业务通道、低零扣率商户转移，风险仍集中于POS渠道，并向移动互联网渠道快速蔓延，新型套现风险呈现快速上升趋势，全年新型套现金额同比增长45.65%，在套现总金额中占比高达70.29%，套现商户持续由标准、特殊类商户向优惠、减免类商户转移；互联网欺诈高度集中于日常类商户，且借记卡风险突出，欺诈金额和笔数分别是贷记卡的2.4倍和2.8倍；账户盗用集中于百货和公益类商户，沿海地区风险上升明显；伪卡欺诈风险集中于POS渠道，贷记卡占比呈上升趋势；疑似侧录点集中于宾馆餐娱类商户，无证支付APP泄露频发。

（三）创新业务欺诈风险

2019年创新业务风险整体可控，但个别场景遭到集中攻击。手机闪付欺诈率同比明显上升；二维码、无卡业务欺诈率同比基本持平或略有下降；云闪付APP欺诈率降幅超过六成，达到历史低位；小额双免欺诈率持续低于二维码、手机闪付等其他创新业务。同时，创新业务收单侧的虚假商户、合谋欺诈、交易变造、收单机具和条码挪用等风险依然高发，在手机闪付、二维码、小额双免等业务中尤为突出，收单侧风险有从支付机构向商业银行蔓延的趋势，区域性银行和农信社成为继中小支付机构后的又一攻击重点，个别农信社二维码收单单月欺诈率接近20%。此外，电信诈骗团伙化、专业化作案特征凸显，不法分子利用从黑灰产市场获取的卡片和持卡人信息以及软硬件设备实施诈骗，并利用创新业务快速转移非法资金。

二、浙江省银行卡产业风险分析

浙江省银行卡产业除了面临传统银行卡支付风险，更加面临着信息泄露、Ⅱ、Ⅲ类账户伪冒开户等风险的夹击。

（一）总体情况

2019 年浙江套现、跨地区移机、交易量突增等疑似风险案例同比下降 18.3%，确认欺诈商户上升 40%。其中非金机构收单商户疑似风险案例数量同比下降 29.3%；银行收单商户疑似风险案例同比下降 13.6%。这主要是由于监管单位、收单机构加大了对辖内商户风险控制的力度。套现成本与交易额度大小无关，部分套现交易被拆分多笔，逃避系统侦测，向二维码、线上 APP 等创新通道转移。

（二）收单机构疑似风险案例情况分析

从收单机构疑似风险案例统计分析，2019 年全省疑似风险案例主要集中在农业银行、浙江农信、银商集团、工商银行、交通银行等机构，上述五家机构占到全省疑似风险案例的 70.0%。非金机构收单商户疑似风险案例数量占到全省疑似风险案例数的 26.3%，银行收单商户疑似风险案例数量占到全省疑似风险案例的 73.7%。建设银行、交通银行、中信银行、华夏银行等机构疑似风险案例数量同比呈现下降趋势；平安银行、浙江农信疑似风险案例同比增幅较高。收单机构需关注疑似风险案例增减情况，对疑似风险案例数量同比增幅高于 POS 业务增幅时，需及时分析原因，调整 POS 业务发展策略。

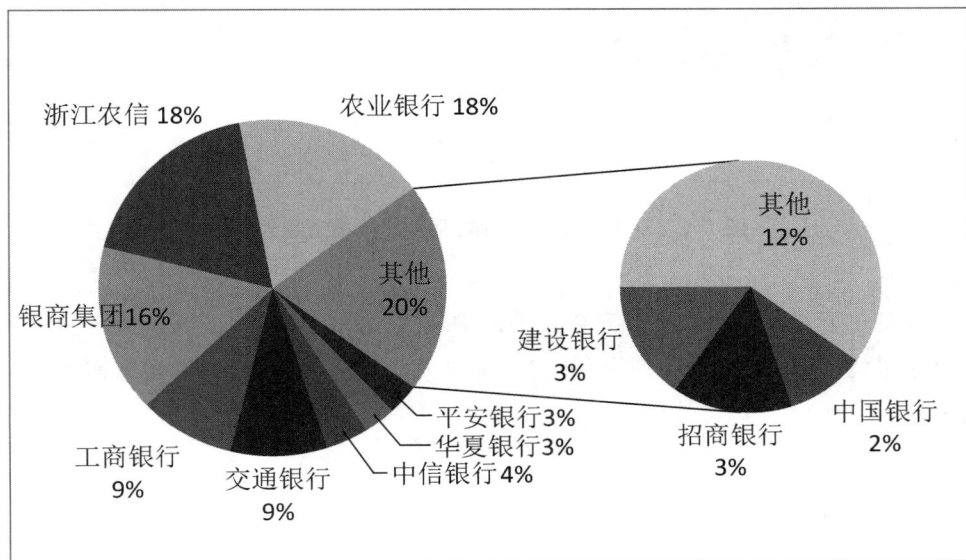

图 7-1　2019 年主要收单机构疑似风险案例分布

根据各发卡机构反馈情况分析，2019 年浙江地区平均套现欺诈率为 1.49BP（1BP 等于万分之一），同比下降 3.2%；其中非金机构收单商户套现欺诈率为 1.36BP，同比下降 13.4%，银行收单商户套现欺诈率 2.32BP，同比上升 66.9%。

（三）全省十地区情况分析

根据疑似风险案例所发生的地区情况分析，2019 年疑似风险案例数量同比下降 29.3%。温州、绍兴、金华疑似风险案例数量同比下降超过 20%，台州疑似风险案例数量同比增幅超过 15%。疑似风险案例主要集中在杭州、温州、金华、台州四地，疑似风险案例数量占全省份额为 71.8%。杭州地区疑似风险案例数量最多，占浙江辖内疑似风险案例总数的 24.9%。

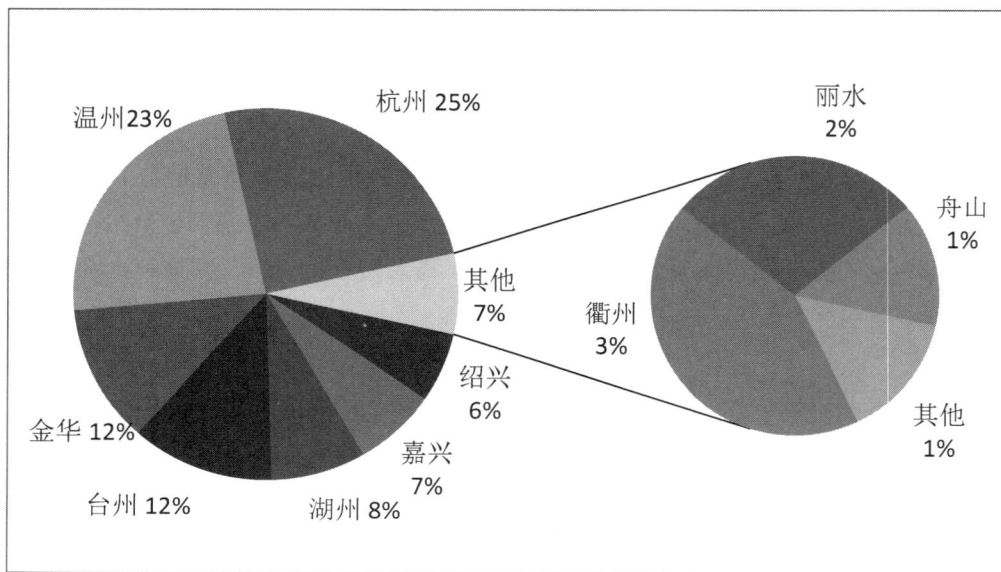

图 7-2　2019 年浙江各地区疑似风险案例数分布

杭州地区套现欺诈率在浙江辖内各地区中最高，达到 2.49BP，其他地区套现欺诈率都低于平均水平。与 2018 年同期相比，杭州、嘉兴、湖州三地的套现欺诈率呈上升趋势。

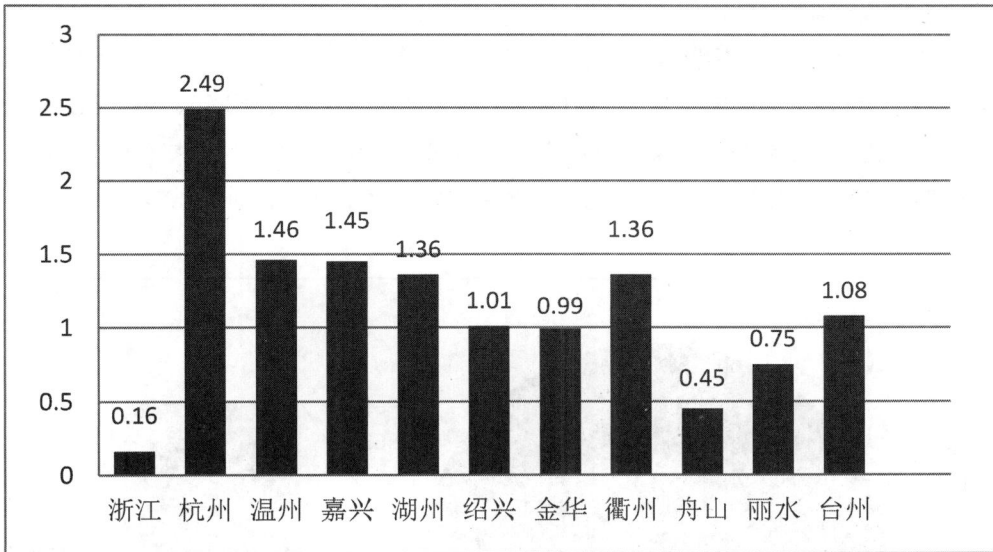

图 7-3 2019 年各地区套现欺诈率（BP）

（四）商户行业分析

根据发卡机构反馈情况分析，2019 年保险类商户套现欺诈率最高，达到 12.4BP，其次是航空售票和批发类商户，套现欺诈率分别达到 9.3BP 和 2.8BP。

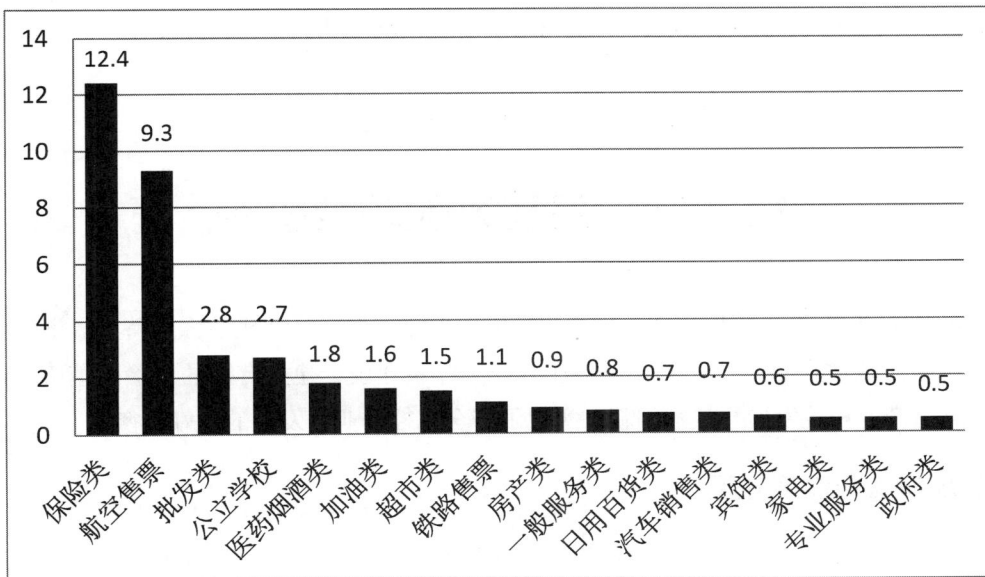

图 7-4 2019 年主要行业套现欺诈率（BP）

（五）报送欺诈交易情况

2019 年发卡机构报送辖内商户银行卡欺诈笔数同比下降 3.7%，欺诈金额同比下降 20.2%；其中套现欺诈金额同比下降 19.1%，伪卡交易金额同比下降 81.5%，无卡欺诈交易金额同比下降 26.7%，失窃卡欺诈交易金额同比上升 135%，但损失金额小于伪卡、无卡欺诈交易金额，同时闪付小额免密失窃卡欺诈金额赔付率达到 100%。

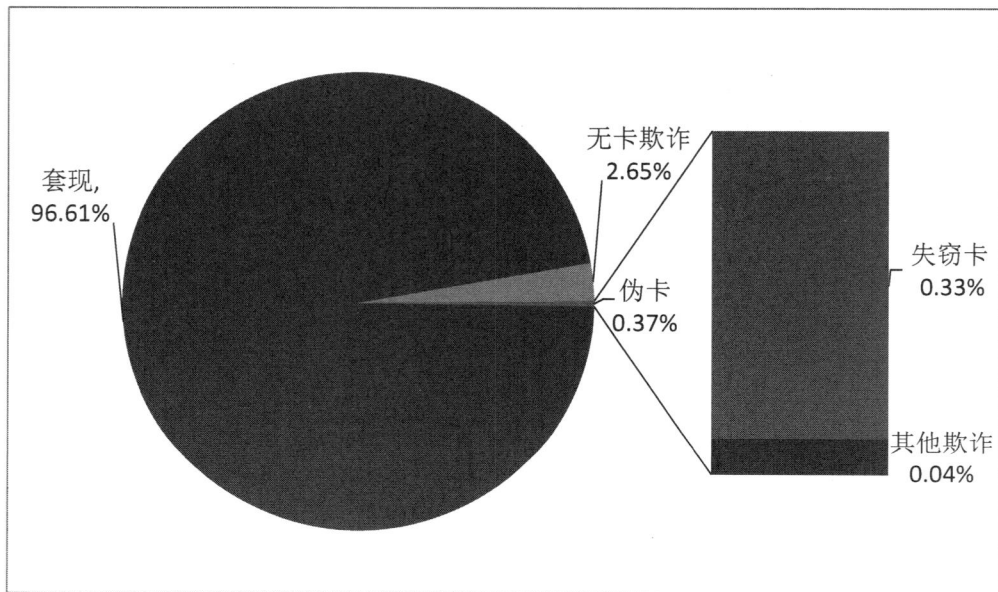

图 7-5　2019 年各类欺诈交易金额占比

第三节　完善风险防范机制

2019 年浙江省银行业风险形势严峻，呈现出点多面广、随机性强的特点。浙江银联把风险防范放在第一位，强化风险业务规则体系建设，建立有效的风险防范机制，夯实支付产业规范发展与鼓励创新，实现了安全风控与业务发展的良好平衡。

一、加快法律制度建设

2019 年，有计划、分阶段推进银行卡法规制度建设，继续推动《银行卡条例》拟定工作，明确各发卡机构的职责与权利，为规范市场无序竞争、收费机制模糊、持卡人信息和资金安全保护不力等问题提供依据。制定《银行卡收单业务管理办法》，研究制定支付机构创新业务管理制度，充分发挥银行业金融机构和支付机构的优势，实现资源整合和优势互补，切实保护消费者合法权益，规范受理市场秩序。牵头制定《浙江辖内银联卡疑似欺诈合谋商户资金延迟结算工作指引》，2019 年全年协助浙江辖内各商业银行成功延迟结算 10 余笔欺诈交易，金额近 30 万元。

二、完善业务监管体系

2019 年,浙江银联高度重视用户银行卡信息安全,不断完善产品和系统的安全标准,从发卡、受理、使用、数据传输等各个环节保护银行卡账户和交易信息安全，建立健全政府监管和行业自律有效结合的银行卡市场管理体系。为进一步加强对银行卡市场的监管力度，浙江银联严格落实银行账户实名制，健全商户准入制度和收单业务管理，加强银行卡市场现场检查、非现场监测和风险提示，强化对信用风险、欺诈风险等的实时防控，增强监管有效性。

三、建立风险补偿机制

为了更好服务持卡人，配合人民银行开展移动支付便民工程建设，浙江银联牵头，协同产业各方建立了风险服务支持体系，针对云闪付 APP、二维码支付、II、III 类银行账户、手机闪付、无卡快捷支付、刷脸付、公交地铁、停车场高速、非接小额双免等重点业务开展持卡人损失补偿、赔付工作。

四、加大风险宣传力度

2019 年浙江银联与辖内各商业银行、非金机构等各方加大风险合作宣传力度，采取路演、培训、APP 推送、走入社区发放宣传页等方式，全方位开展金融知识普及、防范网络电信诈骗知识、法律法规政策等内容宣传，揭示银行卡违法犯罪典型手法，结合具体案例开展警示教育，提高群众的风险意识和法律意识，从源头上降低各类行业风险事件发生的概率。

五、深化自律管理机制

继续完善银行卡行业自律管理机制，不断强化成员机构以客户为中心、以市场需求为导向的经营理念，引导成员机构加强内控制度建设，遵守市场规则和自律规范，防范市场无序竞争、盲目追求业务规模、违规操作、逃避监管等非法行为，全面提升银行卡服务水平，维护支付体系的安全稳定运行。

六、加强司法机关合作

在商业银行和非金机构等单位配合下，浙江银联协助公安等司法机构开展银行卡案件调查工作，通过与浙江省公安厅共同印发的《浙江省涉案银行卡跨行交易协查工作流程》，建立案件快速查询、取证的工作机制。为便于与各级公安机关开展协调沟通，浙江银联与市本级公安机关建立了联络员制度，实现与省内各级公安机关交流日常化。2019 年共协助公安等司法机关调查银行卡案件 1 400 起，查询银行卡 1.6 万余张，涉案金额 290 亿元，有力打击了银行卡犯罪。

第四节 加强风险监测处罚

2019 年，在配合监管部门完善风险联控机制、加强风险联合处置，加速整治非法 P2P、现金贷等高风险违规行为的同时，银联严格管理与产业各方的业务和通道，打击各类支付乱象，加大风险违规事件的处罚力度。

2019 年，浙江银联与辖内 4 家银行新签订银联卡风险防控服务协议，目前已包括辖内台州银行、泰隆银行、金华银行与稠州银行。组织成立反洗钱工作领导小组，完善反洗钱工作机制，全年处理各类洗钱案例 10 603 个。同时积极配合公安部门等司法机关协查银行卡案件 1 293 起，查询银行卡（商户）16 190 张（户），涉案资金达 65.2 亿元。截至 2019 年 12 月，共分发风险案例 25 447 个，处理调查回复风险案例 7 295 个，预警案例回复率达 100%。

此外，浙江银联加大对市场规范方面的监测与约束，委托第三方机构浙江爱特科技有限公司完成商户真实性现场检查 1 284 户，确认违规 97 户，并将违规商户全部纳入约束。2019 年全年通过侦测下发疑似违规商户 30 171 户，其中非标 15 448 户、32 域不规范 8 843 户、商户名称 5 755 户、商户真实性 115 户。最终认定违规 15 737 户，其中非标 3 036 户、32 域违规 7 750 户、商户名称违规 4 838 户、商户真实性违规 113 户，并将违规商户全部纳入约束，约束金额达 756.65 万元。同时对辖内银行收单商户晒单投诉事件进行处置，共审核涉及商户名称设置不规范、MCC 设置不规范、签购单打印不规范及套用非标价格等投诉事件 122 起，认定违规 113 户，有力打击了商户违规经营现象，逐步建立和规范银行卡市场中正常的经营行为和有序的竞争环境。

INSTITUTIONS

第三篇

机构篇

第八章 五大银行银行卡业务发展与创新

National Banks

2019 年，工农中建交作为浙江银行业的主力军，依托科技赋能在产品设计及营销中更加注重客户体验，采用多样化数字营销策略开展特色营销活动，积极推动移动支付和移动支付受理环境建设，并重点打造移动便民支付场景应用，在推动银行卡业务发展创新方面取得了显著成效。

第一节　中国工商银行浙江省分行
银行卡发展与创新

一、2019 年银行卡业务发展

（一）业务整体发展情况

中国工商银行股份有限公司浙江省分行（以下简称：工行浙江省分行）秉承"客户至上、转型发展"的服务经营理念，2019 年银行卡业务总体保持平稳发展态势，全年实现银行卡增长 405 万张[1]，总量达到 5 586 万张，其中借记卡增长 350 万张，总量达 4 407 万张，同比增长 8.6%；信用卡增长 55 万张，总量达 1 179 万张，同比增长 5.3%。收单商户达到 18.1 万户，同比增长 5 200 户，信用卡消费额达到 2 163 亿元。

（二）银行卡发展特色

2019 年，工行浙江省分行致力客户权益和个性化需求，充分运用互联网思维，将年轻化、客群化理念贯穿于产品服务全过程，使之更具时代感、穿透力和影响力，把原本同质化的信用卡赋予温度、情怀与思想。重点向高消费客户群体推出"工银信用卡光芒系列"，实现境内外消费笔笔返现；向有车一族推出"工银爱车 Plus 信用卡"和"工银 ETC 信用卡"，主打加油返现；向商旅客户推出"工银开元信用卡"和"环球旅行 Plus 信用卡"，为客户提供全球机场贵宾厅及酒店优惠权益；向星座粉丝和年轻生肖粉丝分别深入推进"宇宙星座信用卡"和"工银生肖信用卡"等不同种类的产品，在原有信用卡金融权益及服务的基础上，叠加特定品牌或行业权益，满足不同客群的权益和用卡需求。持续大力推广借记卡发卡，在做好线下渠道发卡的同时推出了借记卡线上办卡业务，发行故宫卡、麒麟卡等文化内涵丰富的特色主题借记卡，针对外来务工客户特殊需要推出聚财灵通卡，紧跟当地人社部门发展第三代社会保障卡项目。

（三）移动 APP 发展情况

加快 e 生活 APP 的推广应用，打造信用卡客户服务和权益基础平台。以"优选商户、稳步推进、形成影响"的原则，充分挖掘本地商户及日常生活消费类特色资源，打造商户品质高、优惠活动多、客户评价好的商户优惠生态圈。加强工银 e 生活平台运营维护，充分发挥平台价值作用，充分利用 e 生活电子券促销、爆款、游戏抽奖等促销手段，吸引商户平台上线，做好客户引流和互动。APP 平台分类上线信用卡线上服务功能，实现一体化线上线下客户服务。截至 2019 年底，APP 注册客户总量 250 万户。

1　数据统计范围包含浙江省 10 地市（杭州、温州、嘉兴、湖州、绍兴、金华、衢州、舟山、台州、丽水）。

二、2019 年银行卡业务创新

（一）发卡业务

进一步深入贯彻落实《浙江省保障"最多跑一次"改革规定》要求，以"客户体验"为出发点，全面梳理优化线上线下信用卡办卡、用卡流程，对涉及申请办卡、审核审批、制卡邮寄等多项制度流程及相关风险政策优化调整，实现办卡全流程各环节高效运营，实现客户最多跑一次，即可领卡激活用卡。同时为响应国务院"深化收费公路制度改革 取消高速公路省界收费站"政策，保障 ETC 业务正常运营和发展，紧贴市场需求和变化，基于场景发卡模式将信用卡发卡（Ⅱ类账户）、ETC 签约进行流程整合，提供线上线下一体化"快速开户、快速签约、快速安装"一站式服务，打造 ETC 一站式发行、扣费管理、优惠管理、限制单管理等 ETC 闭环生态圈，覆盖 ETC 客户从办理到出行的全方位需求，为市场拓展赋能。

（二）收单业务

积极应对市场竞争新局面，探索创新发展新方向，积极升级产品功能，推进商户收单线上线下双轮驱动一体化管理项目，创新收款码、人脸付等，提升大中小型商户覆盖和智慧场景渗透。上线"线上线下一体化商户管理和营销平台"，实现"商户＋产品"业务架构和产品功能组件化等重大突破，向线上商户提供一体化收单服务。2019 年全年实现收单交易额 3 256 亿元。继续推进"e 商助梦计划"，为"e 支付"商户群体提供综合金融服务方案，通过提供多层次、广覆盖的综合金融服务，满足商户日常收付、资金融通、财富增值等经营需要。

（三）特色服务

开展"爱购浙江"品牌系列信用卡促销活动。以感恩回馈广大持卡人为主题，围绕"爱购新客礼""爱购分期""爱购消费""移动便民支付"四大主题，根据不同业务场景和不同客群，通过工银 e 生活电子券、定向满减、团购券等形式，全方位打造爱购促销商圈及商户分期场景，开展覆盖 10 个地市、千余家商户的爱购系列促销活动，工行"爱购"回馈主题宣传曝光超亿人次。联合中国银联"云闪付"十大场景建设，在医疗健康、公交地铁、景点旅游、停车缴费等多个公众服务行业开展场景创新，不断完善居民支付体验。依托村镇网点渠道，拓展村镇网点周边商圈，开展网点阵地云闪付下载体验及商户移动支付满减促销活动，不断提升村镇客群移动支付渗透率和影响力。

三、2019 年移动支付便民工程建设情况

（一）移动支付

工行浙江省分行积极推进商户受理环境建设、云闪付推广及移动支付活动促销。

截至 2019 年底，云闪付 APP 绑卡量 180.6 万张，居同业第一，占全省银行业总量的 14.82%；移动支付交易笔数 2 653 万笔，移动支付活跃账户 45.42 万户，较年初增长 2.41%。

（二）移动支付受理环境建设

工行浙江省分行充分利用网点渠道、微信公众号、服务短信等各类渠道宣传云闪付 APP 及促销激励活动，开展"移动支付，工行更精彩"为主题的系列促销活动。积极构建支付应用场景，重点选择交通出行以及与百姓生活密切相关、交易频繁、消费旺盛、具有较强的社会影响力的商户，开展移动支付"随机立减""满额立减""消费送券"等主题促销活动。

（三）移动支付便民场景建设

工行浙江省分行积极打造专业市场示范区，在义乌小商品城、永康五金城等专业市场积极做好基于智能 POS 支付场景建设。围绕街区、市场、综合体、一条街及校园周边商圈，积极打造具有社会影响力的惠民示范街，2019 年建设 e 支付惠民示范街 26 条。同时为有效提升移动支付体验，在交通领域，积极配合参与杭州、温州等地便民移动支付项目实施，联合开展 1 分钱坐公交、5 折坐地铁等交通出行促销活动。金华等地区开展出租车移动支付推广专项活动，义乌等地区开展停车场无感支付场景建设；在医疗领域，积极与医院开展聚合支付对接，打造"智慧医疗"场景；在企业食堂领域，基于银联云闪付和工行 e 生活平台，成功营销全省近千余家企事业单位、工业园区食堂和连锁快餐店，配套随机立减促销活动，构建云闪付支付体验场景。

第二节 中国农业银行浙江省分行
银行卡发展与创新

一、2019 年银行卡业务发展

（一）业务整体发展情况

截至 2019 年底，中国农业银行股份有限公司浙江省分行（以下简称：农行浙江省分行）借记卡发卡量 4 304.75 万张，净增 697.65 万张，同比增长 19.36%；信用卡发卡量达到 1 084.40 万张，净增 93.45 万张，同比增长 9.43%；收单商户总数 34.26 万户，同比增长 165.99%；消费额达到 1 714.52 亿元，新增 259.55 亿元。金融 IC 卡发卡量 2 567.46 万张，占比 59.64%，同比提升 13.72%。

（二）信用卡业务发展

（1）收入再创历史新高。全年实现信用卡业务总收入27.24亿元，同比提升5.87%。其中利息收入3.09亿元；中间业务收入24.15亿元，同比多增1.50亿元。实现消费及收单收入8.30亿元，分期业务收入13.94亿元。

（2）收单交易额高速增长。当年累计收单交易额4 498.87亿元，同比增幅15.8%。

（3）客户拓展成效显著。全行客户总数656.09万户，当年新增有效客户68.76万户。

（4）消费信贷规模高速增长。全年实现信用卡分期总交易额327.1亿元，同比增幅47.6%。其中：专项分期交易额133.74亿元，同比增长64%；乐分易交易额65.23亿元，额度内分期128.13亿元。

（三）移动支付交易笔数

2019年，农行浙江省分行移动支付笔数1 633.08笔，同比增长1 483.6%。

（四）风险防控情况

（1）风险情况。农行浙江省分行2019年底信用卡不良贷款不良率1.41%，较年初下降0.1个百分点。

（2）消费者权益保护情况。农行浙江省分行落实"'3·15'消费者权益保护宣传周""普及金融知识，守住'钱袋子'""2019年度银行业普及金融知识万里行"与"金融知识普及月、金融知识进万家、争做理性投资者、争做金融好网民"等消费者权益保护活动，全省农行参与活动网点900余家，累计组织现场宣传活动次数4 600余次、受众客户量267.32万人次、发放宣传资料107.99万份、发送短信/微信6.3万条；开展金融消保培训3 700余次，参加和接受消保培训员工2万人次。

二、2019年银行卡业务创新

（一）发卡业务

根据浙江业务发展实际，持续推进全行信用卡业务转型，推动浙通卡、燃梦卡、美丽乡村卡三大重点产品发行；优化发卡渠道，大力推广手机公私联动、超柜、高柜虚实发卡策略，创新"合伙人"发卡模式，以"乘数效应"拓展朋友圈、社交圈、交易圈关联客户，培育行内员工发卡新习惯；突出微社区建设，优化完善营销发卡、移动支付、用卡服务、生活优惠等场景，打造以网点为中心的主题获客场景与智慧商圈；上线北极星手机聚合营销平台，整合营销场景，实现人脸识别、电子认证、秒批秒贷等多科技融合，搭建单一入口多场景营销平台。

（二）收单业务

加快便民支付工程建设，创新刷脸支付。密切跟进金融科技应用，以互联网大会

The Innovation and Development of
Bank Card Industry in Zhejiang Province
数字时代
浙江省银行卡产业创新和发展报告
（2020）

100

为背景，在乌镇景区领先同业率先发布商户刷脸付产品；公私联动深入对公商户场景建设。通过聚合码、智能 POS、BMP 系统等收单重点产品，将商户的收单结算行为融入消费场景中，助力商超、百货、景区、医院、学校、财政、烟草等项目营销，为商户提供全方位行业支付解决方案，实现以收单服务紧密绑定对公客户，以高频交易带来流量入口；探索智能市场通产品全面升级，试点推出智能语音唤醒支付。

三、2019 年移动支付便民工程建设

（一）移动支付交易推进

农行浙江省分行积极响应人行移动支付便民工程建设的要求，持续开展全省公交、地铁、停车、农贸市场等场景移动支付产品的推广，2019 年 12 月，农行浙江省分行移动支付活跃账户 29.41 万户，年交易笔数 1 633.08 万笔。

（二）移动支付受理环境建设

农行浙江省分行持续发力全辖机构开展移动支付受理环境改造。截至 2019 年 12 月，当年总体活动商户 15.34 万户，其中当年非接或双免累计活动商户 13.53 万户，当年累计双免交易商户 10.92 万户，当年累计发生二维码交易商户 10.77 万户。活跃商户非接改造完成率 88.17%，双免改造完成率 71.16%，二维码改造完成率 70.19%。

（三）移动支付重点便民场景建设

农行浙江省分行积极组织展开商圈促销活动，在萧山万象汇商圈开展了农行卡云闪付满减促销活动，取得较好效果。

第三节　中国银行浙江省分行银行卡发展与创新

一、2019 年银行卡业务发展

（一）业务整体发展

截至 2019 年末，中国银行股份有限公司浙江省分行（以下简称：中国银行浙江省分行）借记卡发卡量 2 491.99 万张，净增 266.83 万张，同比增长 11.99%。信用卡发卡量达到 560.68 万张，净增 67.45 万张，同比增长 13.68%；收单商户达到 17.92 万户，同比增长 77.95%；借记卡消费额达到 3 857.04 亿元，同比增长 19.02%。信用卡消费额达到 1 090.16 亿元，同比增长 2.82%。金融 IC 卡借记卡发卡量 1 388.09 万张，占比 55.7%，同比提升 4.2%；金融 IC 卡信用卡发卡量 393.13 万张，占比 70.12%，同比提

升 3.82%。

（二）依托战略重点，推动收单业务转型升级

2019 年，围绕总行和省行新一期发展战略，科技引领、创新驱动、抢抓项目、严守底线，"中银智慧付"业务发展情况良好。2019 年实现了多项领先技术，移动支付商圈建设位居行业前列，丰富了收单场景建设。同时加强公私联动，通过对公产品与公司大商户开展合作，提高对大商户的服务能力。开展基础客户营销激励，提升商户拓展积极性，网点二公里商户建设工作初见成效，截至 12 月末，全省所有网点已实现破零。

（三）围绕"一机两卡"，体现场景化融合营销优势

2019 年中国银行浙江省分行围绕"一部手机、一张借记卡、一张信用卡"的"一机两卡"营销策略，优化厅堂发卡流程，利用智能柜台、叫号机和大数据系统，推动厅堂客户营销，精准邀约到店，做好客户转换，优化操作流程。大力推进电销外呼渠道建设，组建"2+1"电销队伍，推动全省电销外呼营销。全年全省累计电销客户超过20 万户。截至 2019 年 12 月末，全省信用卡发卡量市场份额[1] 达 13.33%，较年初提升 0.53%。

（四）移动交易笔数

截至 2019 年底，移动支付累计交易笔数 2 797.13 万笔，净增 1 704.14 万笔，同比增长 155.92%。

二、2019 年银行卡业务创新

（一）发卡业务

2019 年中国银行浙江省分行全力推进 ETC 业务，推出线上 ETC 签约绑定安装，开展通行费优惠、停车、洗车等优惠活动，累计新增信用卡客户 ETC 绑定 22.49 万户。在产品方面推出数字信用卡、无实体卡片，实现 10 分钟下卡即用，全省当年数字卡发卡逾 6 万户。

（二）收单业务

2019 年中国银行浙江省分行以"中银智慧付"品牌为基础，线下以 MIS 系统、智能 POS 为主打产品，线上积极推广"中银智慧付线上收银台"，并结合行业应用，实现了 MIPAY 智能支付、人脸支付、跨屏码、微信和支付宝定金功能等多项领先技术。针对小微商户推出聚合二维码小微商户收款产品——"来聚财"业务，2019 年全省共拓展来聚财小微商户 13.04 万户，全年累计交易 40 246.76 万笔，交易金额达 153.8 亿元。

（三）移动支付发展情况

截至 2019 年底，中国银行浙江省分行当年移动支付活跃客户数 266.89 万户，交

1　7 市场份额口径为工行、农行、中行、建行、广发、民生、交行七行比较口径。

The Innovation and Development of
Bank Card Industry in Zhejiang Province
数字时代
浙江省银行卡产业创新和发展报告
（2020）

102

易规模 47.11 亿元。

（四）全省地市、农村市场银行卡产业发展情况

推动全省支付服务协同发展，全年杭州地区以外的地市发展商户 15 190 户（不含来聚财），占全省发展总数的 76.84%。农村地区商户增长率 34.42%。

三、2019 年移动支付便民工程建设

（一）移动支付交易推进

2019 年，中国银行浙江省分行自主或配合银联开展了多种多样的移动支付营销宣传活动，主要包括一元扫码扶贫、公交地铁移动支付优惠、二维码慈善捐款、多商户移动支付 5 折优惠、大型商超满 99 减 20、高铁商圈满减、来聚财客户商户优惠、自助售卖机 1 分购、双 12 半价补贴节等。

（二）移动支付受理环境建设

全省配备银行卡受理设备的商户数量为 2.24 万户，不配备银行卡受理设备且完成二维码改造的商户数量为 0.13 万户，手机 PAY 完成数为 2.12 万户，二维码改造商户为 1.34 万户，双免完成商户数为 1.92 万户。

（三）移动支付重点便民场景建设

菜场场景方面，全省共计 575 个菜场场景内的 26 135 家商户安装中行聚合二维码小微商户收款产品来聚财业务，便于消费者通过银联云闪付及任意商业银行的手机银行进行扫码支付。全年移动支付累计交易 28 253.29 万笔，交易金额 129.34 亿元。自助售卖机场景方面，中行开展全省范围 30 00 多台自助售卖机移动支付一分钱喝饮料活动；公益系列活动场景方面，在全辖 560 多家网点布放慈善捐助二维码，到店客户可扫码捐助献爱心；公交地铁场景方面，积极配合浙江银联联合推广公交、地铁等移动支付，强化金融 IC 卡在公交、地铁等公共服务领域移动支付应用推广，引导广大百姓使用电子支付。

（四）云闪付 APP 推广

中国银行浙江省分行官方微信每月推送 1~3 篇微信推文，专题介绍各类银联云闪付 APP 支持的优惠活动。此外，辖内各机构积极响应云闪付新客"一元购"活动，通过线上、线下各种渠道提高云闪付 APP 的知名度和吸引力。

第四节　中国建设银行浙江省分行
银行卡发展与创新

一、2019 年银行卡业务发展

（一）业务整体发展情况

截至 2019 年底，中国建设银行股份有限公司浙江省分行（以下简称：建行浙江省分行）借记卡发卡量 5 023.73 万张，净增 189.56 万张。借记卡消费额达到 10 432.51 亿元，同比增长 1 479.42 亿元，同比提升 18.96%。金融 IC 卡借记卡发卡量 2 791.65 万张，占比 55.56%，同比提升 2.78%。信用卡发卡量达到 721.23 万张，净增 52.50 万张；其中，金融 IC 信用卡累计发卡量达 460.62 万张，占比 63.86%，同比提升 6.26%。收单商户达到 26.87 万户，收单交易额达 3 617.33 亿元。

（二）信用卡业务

2019 年，建行浙江省分行着力提高建行龙卡信用卡的品牌效应，加强持卡人权益打造，吸引年轻客户群体，增加客户用卡粘性，促进信用卡消费交易额迅速增长。信用卡商户以场景建设为导向，重点在衣、食、住、行、娱等与百姓生活息息相关的零售消费领域布局，发展了物美超市、义乌双江时代、千岛湖银泰城等重点商圈。

二、2019 年银行卡业务创新

（一）发卡业务

创新借记卡和信用卡发卡新思路。针对退役军人推出专属借记卡产品——银联复合退役军人服务卡，面向浙江省辖内各级获评"好家庭"成员发行银联复合浙江省妇联好家庭专属卡，与浙江万里学院联合发行浙江万里学院师生联名借记卡，针对裕农通业主、新时代致富农民和乡村振兴新兴力量发行"龙卡裕农通信用卡"；联合人社推出三代社保卡，已经在湖州、宁波等地完成三代社保卡发行试点工作，开展与社保机构、邮政 EMS 三方合作，首推社保卡寄送服务，进一步提高社保卡服务质量和效率。

（二）收单业务

积极参加人行"人脸识别线下支付"项目，协助总行汇总开发需求，落实试点测试等工作。通过与辖内停车场供应商合作，在"无感支付"技术基础上，整合聚合支付功能，使整个停车收银过程完全实现了零人工干预，打造了真正无人值守的全智能化停车场管理服务新模式。对于不同客户，提供主动扫码缴费和被动无感支付两种停

The Innovation and Development of
Bank Card Industry in Zhejiang Province
数字时代
浙江省银行卡产业创新和发展报告
（2020）

104

车服务模式。

（三）行业应用发展情况

率先在浙江分行、宁波分行大楼食堂进行人脸识别改造，完成专用账户刷脸支付功能，后续继续实现以龙支付为基础的门禁功能。继续大力发展智慧社区业务，助力升华金融衍生应用场景。启动与宁波万里学院校园一卡通项目的校园数字化应用合作，以万里校园联名卡为载体，后续通过手机 e 码通实现校园门禁、食堂、学校生活类等数字化应用。

（四）全省地市、农村市场银行卡产业发展情况，农村支付服务情况

建行浙江省分行积极推进金融服务下乡，不断满足农村居民各类金融服务需求。通过移动支付渠道使农村居民足不出村就能完成查询、转账、支付、善融购物、水电费缴纳等金融服务；为农村经营主体和农民提供"惠懂你"小微企业快贷、惠农 e 贷、个体工商户快贷、ETC、信用卡等产品；开通预约办卡，实现无缝隙服务、有效分流；开设"乡村社区防疫通"专区，接入本土优质互联网医疗企业资源，打造在线诊疗、预约挂号、药品配送、慢病咨询、疫情数据等"一条龙诊疗"服务。

三、2019 年移动支付便民工程建设情况

（一）移动支付交易推进情况

截至 2019 年底，移动支付活跃账户数量 75.52 万户。银联云闪付客户新增 128.15 万户，手机闪付用户 48.67 万户。龙支付客户达 635 万户，当年新增 212 万户；龙支付活跃客户 376 万户。

（二）移动支付受理环境建设情况

2019 年，建行浙江省分行全力做好商户端移动支付受理环境建设工作，持续推进商户受理非接改造、双免改造和受理银联二维码等改造工作，将收银员培训与受理标识张贴纳入日常商户管理巡查等工作中，明显改善移动支付受理环境建设；积极参与人行、银联牵头移动支付便民工程示范商圈（街区）建设工作，累计承建商圈（街区）达 15 个，位列同业第一。

（三）移动支付重点便民场景建设情况

公共交通领域方面，联合浙江银联完成全省地铁轨道交通和公交相关线路移动支付受理改造并积极投入和配合开展公交场景各项营销活动。智慧菜场领域方面，全力打造移动支付便民惠民菜场场景，面向菜场商户开展云闪付和龙支付惠客活动。车主消费领域方面，全年新增无感支付停车场 36 家，累计拓展 276 个代扣模式的停车场、完成首家无感加油站项目落地，拓宽有车一族生态圈应用场景。医疗健康领域，创新推出面向医疗行业的"聚合支付"解决方案，聚合支付产品服务累计覆盖全省超 400

余家医院。公共缴费领域，加大物业费缴交推广力度，本年新增 26 个物业费缴交场景，累计达到 49 个；对接非税电子化项目，实现手机银行、互联网、微信银行等电子渠道的非税缴费功能；联合浙江银联将公共事业类缴费项目以接口形式开放给银联"云闪付 APP"平台，将银联"云闪付 APP"上的相关缴费项目接入建行特色渠道，全力打造浙江移动支付便民示范工程公共缴费重要场景。

（四）云闪付 APP 推广情况

截至 2019 年底，银联云闪付客户新增 128.15 万户，较上年同比提升 68.76%，位列同业第一。单月移动支付交易笔数 431.05 万笔，较 2018 年末提升 6.65%，移动支付活跃账户和交易量继续保持同业前列。浙江建行及宁波建行分别获得中国银联浙江（宁波）分公司颁发的"移动支付便民工程综合贡献奖""云闪付 APP 最佳推广机构奖"和"云闪付用户拓展突出贡献奖"等多项荣誉。

第五节　交通银行浙江省分行银行卡发展与创新

一、2019 年银行卡业务发展

（一）银行卡及收单业务

截至 2019 年底，交通银行股份有限公司浙江省分行（以下简称交通银行浙江省分行）借记卡在册卡量 789 万张，当年净增 38 万张，同比增长 5%；信用卡在册卡量 387 万张，当年净增 27 万张；收单商户 3 万余户，总量与上年基本持平。

（二）信用卡业务

截至 2019 年底，全省信用卡在册卡量 387 万张，其中当年净增 27 万张；其中，白金卡在册卡量 26 万张，当年净增 5 万张。2019 年，信用卡活卡 95 万张，市场排名第 3；当年累计交易金额 1 132 亿元，市场排名第 4。

（三）借记卡业务

截至 2019 年底，全省借记卡在册卡量 789 万张，当年净增 38 万张，同比增长 5.1%；其中，金融 IC 卡发卡量 373 万张，占比 47%，同比提升 3%。

（四）手机银行 APP

截至 2019 年底，全省手机银行用户 367 万户，当年净增 52 万户，同比增长 16.51%。

The Innovation and Development of
Bank Card Industry in Zhejiang Province
数字时代
浙江省银行卡产业创新和发展报告
（2020）

106

二、2019 年银行卡业务创新

（一）积极推广刷"脸"付

为加强支付业务创新，提升客户用卡体验，交通银行浙江省分行在手机银行 APP 上试点推出刷脸付业务。

（二）针对特色人群发行特色卡

（1）为契合年轻精英女性客群需求，于 2019 年 7 月正式发行可盐可甜、都市丽人——太平洋闺蜜主题信用卡，卡片具有女性写真、健身、下午茶、ITeSHOP 消费优惠等多项专属权益，新用户办卡消费达标还能 5 积分换购时尚单品（野兽派骨瓷马克杯 / 小甘菊纪念礼盒）。

（2）针对高端客户推出"世界之极"高端白金信用卡。主要有：全年 4 间夜星级及高端酒店住宿权益（2 间夜境内 +2 间夜境外）；全年无限次全球机场贵宾厅服务（每次可携伴 3 人），6 次沃德境内机场贵宾厅服务；每月 2 次高端运动权益，可选项目包含星级酒店游泳及健身、瑜伽、马术、滑冰；全年 12 次酒后代驾服务；全年无限次在线家庭医生咨询服务；航班延误险单次最高 1 000 元，全年最高 10 000 元；96 小时失卡保障权益、最高保额 1 000 万元的旅行公共交通意外伤害险、宠物综合责任险等保险权益。

（三）积极拓展线上收单业务

为全面打通线上线下的支付通道，2019 年交通银行新开发统一支付平台，并在民生生活类场景上线运用。首个平台商户烟草商户上线以来，订烟端交易量达数千万，舟山蓝焰燃气也快速上线。今后支付业务还将逐步向水、电、有线电视、固话、宽带、物业等日常生活缴费领域扩展。

三、2019 年移动支付便民工程建设情况

（一）商户改造与交易情况

自 2017 年 11 月起，分别下发《关于转发人民银行 < 浙江省移动支付便民示范工程实施方案 > 的通知》《关于做好收单商户双免及二维码功能开通工作的通知》《关于加快浙江省移动支付工程商户信息报送工作的通知》等，及时落实移动支付便民工程双免改造、二维码开通、商户信息报送等各项工作，推动全省便民工程。截至 2019 年底，活跃商户非接改造率 100%，双免改造率 63%，二维码改造率 82%。

（二）云闪付 APP 推广

2019 年，交通银行浙江省分行通过进校园、进社区和进企业的"三进活动"，开展"一元购""云闪付 APP 拉新"等营销活动，积极推广云闪付 APP。截至 2019 年底，

云闪付绑卡量 51.14 万张。

（三）移动支付受理环境建设

交通银行浙江省分行积极打造移动支付便民示范工程重点受理商圈（街区）建设项目——台州青悦城商圈，通过对接商圈管理方，布放银联受理标志、开展收银员培训、投放活动物料多种方式推进移动支付受理环境建设。

（四）便民支付场景建设

（1）公交场景。积极配合人行、银联推进公交杭州市公交金融 IC 卡项目建设，通过在公交车上安装专用收单机具，完成了超过 5 000 辆公交车支持乘客通过 IC 卡挥卡或云闪付形式支付购票。

（2）菜场场景。联合杭州农贸市场协会、浙江银联共同拓展农贸市场收单场景，8 月底上线首家合作市场，通过团队批量营销、定向配置宣传物料、推广满 6 减 3 营销活动等措施，商户覆盖率超 97%，交易笔数突破 4 000 笔／天。截至 2019 年底，全省累计拓展 50 余家农贸市场，新增商户 1 300 余户。

第九章 股份制银行银行卡业务发展与创新

Stock-holding Banks

2019 年，中信、浦发、招商和光大杭州分行坚持银行卡业务的数字化转型，通过细分市场、跨界合作、平台创新等方式，推出适合不同客群的个性化产品和服务，提升获客产能，在银行卡产品创新、收单业务创新、移动支付交易推进等方面，取得了良好成效。

第一节 中信银行杭州分行银行卡发展与创新

一、2019 年银行卡业务发展

（一）业务整体发展

2019 年，中信银行股份有限公司杭州分行（以下简称：中信银行杭州分行）银行卡业务稳步发展，累计借记卡发卡量 707.05 万张，净增 66.80 万张，同比增长 10.43%；累计信用卡发卡量 574.77 万张，净增 135 万张，同比增长 30.70%，信用卡授信总额 624.24 亿元；银行卡消费总额 647 亿元，其中借记卡消费 211.82 亿元，信用卡消费 435.18 亿元。

（二）借记卡业务

中信银行杭州分行以"信守温度"为核心品牌理念，以香卡、幸福年华卡、菁英卡为载体，集中资源重点经营女性客户、中老年客户、年轻客户群，提升以家庭为单位的客户综合贡献度，同时，加大出国金融客群的获取经营力度，推出护航卡。通过统一规则、统一品牌、统一宣传，提升客户认知，强化"中信红权益"品牌效应。

（三）信用卡业务

2019 年中信银行信用卡交易规模稳步增长，交易用户保持 20% 的同比增幅。持续优化客户支付体验，完善产品及动卡智能支付通道体验。夯实"网联""银联"两大平台稳定性，积极落实接口优化，网联平台系统成功率达银行渠道能力股份制排名第一，同时强化联动配合，与银联风控中心建立常态沟通机制，及时互通可疑交易信息，强化可疑交易互通互报。

（四）移动交易笔数

2019 年，中信银行杭州分行移动支付结存签约客户 165.93 万户，较上年净增 25.53%，年交易客户 99.08 万户，活跃比例达 59.71%，移动支付交易笔数 1.2 亿笔。

二、2019 年银行卡业务创新

（一）发卡业务

1.坚持三大特色客群经营，搭建特色服务体系

中信银行坚持三大特色客群经营，搭建有中信特色的客户服务体系，结合金融产品＋非金融服务，融入客户生活需求，对客户分层经营形成支撑，持续扩大品牌影响力。针对老年客群，打造健康、学习和旅游三大平台，构建专属"幸福＋"会员体系，

使老年客户老有所养、老有所医、老有所游、老有所享、老有所学、老有所乐；针对出国金融客群，通过最新资讯、金融产品、签证、公益讲座等，打造"金融＋非金融"出国服务体系；针对女性客群，结合金融产品与沙龙、权益等非金融权益，建立女性客户特色营销服务体系。

2. 持续优化客户支付体验及用户经营能力，提升网络交易额及网络交易用户数

实现客户在银行侧无感快捷支付绑卡的体验，同业首家与支付宝、京东支付、美团支付等主要网络消费场景开展快捷绑卡合作；完善中信信用卡"信收付"产品应用与智能支付通道建设，搭建"动卡空间"APP 收银台，实现基于银联卡的"全网支付"及"组合支付"等功能，实现 APP 中云闪付服务窗、顺丰速运内容上线，高速 ETC、网约车、公交地铁乘车码、智慧停车等项目落地；积极推动移动支付便民工作，期间开展地铁公交 5 折活动，交易笔数呈逐月上升，全年突破 200 万笔，其中贷记卡占比约 80%。

（二）行业应用发展情况

中信银行杭州分行积极为民生领域商户提供支付结算服务，与农夫山泉、金码智能等自助售货机运营商，湖州红丰菜场、宝龙城等停车场，良友便利等线下便利商超，横店影视城、嘉兴南北湖等景区，富阳第一人民医院、浙江省肿瘤医院等医疗单位开展移动支付业务合作，与浙江省高速公路不停车收费用户服务中心开展 ETC 储值卡线上充值合作。此外，通过搭建的"慧缴付"公共缴费平台为学校、培训机构、物业等两百余家民生类客户提供便捷、安全的线上收费通道。

三、2019 年移动支付便民工程建设

（一）移动支付交易推进

中信银行杭州分行移动支付业务平台（受理侧）2019 年累计交易笔数 1.62 亿笔、交易金额 98.67 亿元，其中银联二维码支付交易笔数 254.7 万笔，交易金额 897 万元。

（二）移动支付受理环境建设

中信银行杭州分行积极拓展银联二维码支付渠道受理场景，移动支付业务平台共有存量银联二维码支付商户 3 241 户。在受理功能改造方面，截至 2019 年底，非接或双免（小额免签免密）活动商户数量 1.35 万户，改造完成率 81.21%。

（三）移动支付重点便民场景建设

中信银行杭州分行在 2019 年积极推进移动支付便民场景建设，在多个场景均取得了新的成果：自助售货场景方面，成功上线金码自助贩卖机项目，覆盖 262 家经销商；农夫山泉自贩机项目稳定运营，为全国 1.64 万台自贩机具提供移动支付服务。交通类场景方面，上线宝龙城停车场项目，已接入全国共计 20 家宝龙城商场的停车场收费。

医疗场景方面，为舟山医院、杭州富阳中医骨伤科医院等布放智能 pos 并开通银联二维码支付功能，为城乡居民建设更广泛的医疗移动支付场景。

（四）云闪付 APP 推广

中信银行杭州分行组织全辖积极推广云闪付等快捷支付业务，通过推广银联立减、权益，结合分行"登月计划"等活动指导客户完成签约、激活操作，养成使用习惯。

第二节　浦发银行杭州分行银行卡发展与创新

一、2019 银行卡业务发展

截至 2019 年底，上海浦东发展银行股份有限公司杭州分行（以下简称浦发银行杭州分行）借记卡发卡量达 380.65 万张，当年净增 37.50 万张，同比增长 10.93%；信用卡发卡量达 207.9 万张，活跃账户 111 万户，当年净增发卡 12 万张，同比增长 6.18%；收单商户达到 7 203 户，当年净增 2 070 户；借记卡银联交易 554.36 万笔，银联消费达 234.80 亿元；借记 IC 卡发卡量达 176.41 万张，占比 46.34%。

二、2019 年银行卡业务创新

（一）借记卡产品线不断丰富

2019 年，浦发银行杭州分行在原有借记卡产品的基础上，积极推进地区特色的定制卡项目发卡获客。与上海辛通物流有限公司合作发行"辛通物流主题卡"，与杉杉集团旗下的全额子公司舟山杉杉生活广场有限公司合作发行"杉杉普陀天地幸福卡"，与浙江恒生印染有限公司合作发行"恒生印染主题卡"，以上卡面经过专属设计，深受企业及个人客户喜爱，同时增强了客户黏性。

（二）借记卡开户流程优化升级

2019 年，为实现银行卡业务的数字化转型，进一步提升客户服务能力，浦发银行对借记卡发卡模式进行了统一规划及优化升级。多种发卡模式并行，预约发卡模式、在线即时发卡模式、网点单张发卡模式和企业批量发卡模式适用不同的获客场景。借记卡根据开卡时是否配置实体卡，分为电子卡和实体卡两种形态，借记卡电子卡和实体全面松耦合后，客户可自主选择是否配卡。同时，为了提升客户在线即时开卡后的用卡便利性，开卡成功后无需下载浦发银行 APP，即可使用借记卡的充值、提现、Ⅲ类户非绑定卡入金设置和电子借记卡转实体卡四项轻型用卡功能。客户如有实体卡用卡需求，可在线申领实体卡，并选择至网点领卡或邮寄方式领卡。借记卡开户流程优

The Innovation and Development of
Bank Card Industry in Zhejiang Province
数字时代
浙江省银行卡产业创新和发展报告
（2020）

112

化升级后，不仅提升了用户的开户体验，同时有利于加强细分客群的获取和经营。

（三）持续优惠活动

2019 年，为了进一步丰富借记卡用卡环境，撬动客户支付绑卡热情，浦发银行持续推出 5 折权益日品牌、银联 62 节活动、扫码乘车赢好礼活动。与全家、快客、罗森、家乐福、来伊份开展银联二维码支付立享折优惠活动。5 折权益日品牌聚焦商超、自助贩卖机等小额高频领域，打造浦发银行一周 7 天都有优惠的主题形象。银联 62 节，三天 62 折，浦发银行推出 62 开头借记卡持卡人在全国 60 万家活动商户使用银联二维码交易可享最高 62 折优惠活动。绿色出行，有"机"可乘，浦发银行推出 62 开头借记卡持卡人使用银联二维码支付车资，每次成功支付后可参加活动，有机会赢取华为 P30 手机。一系列持续活动给客户不一样的优惠回报。

（四）积极推出收单个性化产品提升服务

2019 年，浦发银行结合市场趋势和商户需求，推出智能 POS、聚合码、收银宝等多款个性化收单产品，从不同交易场景适合不同的交易方式考虑，为不同类型的商户提供满足自身需求的产品。对于有特殊需求的商户，更是做到了定制化服务，通过为有特殊需求的商户加载定制化的产品，得到客户的信赖。在收单产品上，浦发银行不断创新，与时俱进；在客户服务上，浦发银行尽善尽美，用心服务。通过对收单商户进行各类金融服务的加载，既满足了收单商户的实际需要，也是浦发银行数字化战略的具体实践。

三、2019 年移动支付便民工程建设情况

（一）移动支付交易推进

浦发银行杭州分行积极开展移动支付便民工程工作，参加人行、银联组织的公交、地铁营销活动，并通过电子显示屏、微信公众号、短信等多种形式向持卡人宣传活动信息。2019 年内，浦发银行杭州分行开展云闪付 APP "1 元换购 10 元礼品" "刷浦发借记卡，瓜分百万奖金" 等围绕银联二维码展开的营销活动，以提升客户用卡率、云闪付 APP 绑卡率，增加客户黏性。2019 年底，浦发银行杭州分行移动支付单月（12 月）活跃账户数量和交易笔数分别为 9.92 万户、46.25 万笔，交易笔数较 2018 年 12 月提高 10.65%。

（二）移动支付受理环境建设

在受理环境建设上，2019 年，对于新拓商户，浦发银行杭州分行继续全面布放智能 POS，且均开通双免。并在机器布放时，对收银员进行培训，鼓励收银员多向持卡人推广云闪付支付。

第三节 招商银行杭州分行银行卡发展与创新

一、2019年银行卡业务发展

（一）业务整体发展情况

截至2019年底，招商银行股份有限公司杭州分行（以下简称：招行杭州分行）借记卡发卡量523.26万张[1]，净增69.29万张，同比增长15.26%；信用卡流通户达到303.96万，净增42.8万张，同比增长16.42%；收单商户达到23 648万户，同比减少2 155户；消费额达到47.3亿元，同比增长17亿元。

借记IC卡发卡量391.74万张，占比74.87%，同比提升6.06%。贷记IC卡发卡266.27万张，流通户占比87.6%，同比提升19.2%。

（二）信用卡业务发展情况

2019年，招行杭州分行持续深耕优质代发企业，强化线上引流资源转化效果，不遗余力拓展信用卡及双卡新户获客来源。同时，积极探索辖内三、四线城市的获客渠道，大力投入资源支持二级分行线上线下的用卡环境建设，进一步提升客户用卡体验及当地品牌影响力。

（三）自有APP发展情况及用户数

截至2019年底，招行杭州分行累计下载招商银行APP用户数396万，其中2019年当年新下载98万，同比增长15.8%。

二、2019年银行卡业务创新

（一）发卡业务

招行杭州分行在停车等场景为更好满足持卡人用卡需要，创新性地提供无感支付服务。无感支付采用先进的无感支付技术，通过停车场车牌识别与招商银行一网通免密支付技术结合，通过招商银行APP，绑定车牌及对应的扣费银行卡（支持他行卡含信用卡），即可开通无感支付功能。无感支付开通后，车主停车离场时无需做任何动作，道闸会自动升起恭送车主离场。真正实现"0"操作、"0"等待。目前无感支付已全面覆盖衢州市区所有停车场。

（二）收单业务

为了更好地满足招行杭州分行收单商户需求，提供个性化、差异化、创新性的服务，

---

1 数据仅包含招商银行在杭州、绍兴、嘉兴、金华、湖州、衢州以及舟山等七个地市。

The Innovation and Development of
Bank Card Industry in Zhejiang Province
数字时代
浙江省银行卡产业创新和发展报告
（2020）

114

招商银行推出手机银行"商家服务小程序"。该程序是收单商户支付结算和经营管理的有效工具，目前已实现的功能有以下四种：①收款服务。商户可实时查询收款明细、手续费优惠额度和资金到账情况；②现金管理。目前已实现向多人批量转账和资金归集的功能，商户一次最多能向 20 人转账汇款，同时，"资金归集"功能可识别闲置资金，提醒商户购买理财或存款类产品；③报单服务。商户在收单产品的使用过程中有任何问题，均可通过"上门服务"发出申请，招行杭州分行会立即安排客户经理处理；④活动推广。在商家服务专区中推行聚合支付手续费优惠券抽奖活动，为商户提供更多的便利与优惠。

（三）行业应用发展情况

从无感通行到智慧停车，招商银行 APP 也正在为出行带来巨变。2019 年杭州借助城市大脑便捷泊车"先离场后付费"的场景赋能，杭州停车场日均泊车量增长 13.61%，月均停车量增加了 4.5 万辆。城市大脑便捷泊车目前已覆盖杭州市 26 万多个停车位，其中包括杭州大厦、西湖银泰、杭州东站等 30 多个大型停车场库车位。招行杭州分行充分响应号召，积极参与城市大脑的建设工作，已对接接入 124 个停车场，共 5.9 万余个停车位。

（四）特色营销活动

1. 车主服务

2019 年招行杭州分行发布车主专区，面向招商银行持卡客户提供车主及配套周边，包含 ETC、停车、洗车、交通违章查询，年检代办，挪车贴等服务。联合西湖景区及杭州城市大脑，接入无感支付，提升离场体验，并结合优惠活动，极大提升了车主客户满意度。

2. 杭州旅游专区服务

在接入西湖景区无感停车的基础上，开展了景区门票优惠、景区餐饮优惠，景区文创产品优惠及杭州大剧院门票优惠等面向招行持卡客户的活动，丰富了客户权益。

三、2019 年移动支付便民工程建设情况

（一）移动支付交易推进情况

2019 年招行杭州分行继续加大力度推广移动支付应用，全年用户 PAY 支付交易累计 500.5 万笔，9 230.5 万元，银联二维码交易累计 434.1 万笔，15.6 亿元。

（二）移动支付重点便民场景建设情况

2019 年重点推动了衣、食、行三大零售用户生活场景中的移动支付交易，分别在地铁、公交、便利店、服装零售店推广移动支付优惠活动。在杭州地铁，开展了地铁周卡活动；在杭州公交开展一分钱坐公交活动；在十足便利店、7-11 便利店、优衣库

开展银联二维码支付活动。

（三）云闪付 APP 推广情况

云闪付绑卡也成为 2019 年招商银行杭州分行的推广重点，在二级分行及萧山、余杭等地开展了云闪付绑卡竞赛。

第四节　光大银行杭州分行银行卡发展与创新

一、2019 年银行卡业务发展

（一）业务整体发展情况

截至 2019 年底，光大银行浙江区域内借记卡发卡量 191.5 万张，净增 10.91 万张，同比增长 6.48%；金融 IC 借记卡发卡量 78.46 万张，占比 40.97%，同比提升 4.71%。信用卡发卡量达到 344 万张，净增 37 万张，同比增长 12%；客户数达到 195 万户，净增 13 万户，同比增长 7%；消费额达到 1 150 亿元，同比增长 15%。金融 IC 信用卡发卡量 209 万张，占比 61%，同比提升 22%。收单商户（除宁波）1 210 户，全年新增商户 230 户，累计交易金额 10.27 亿元，较 2018 年新增 9.48 亿元；累计交易笔数 110.9 万笔，较 2018 年新增 72.93 万笔。

（二）信用卡业务具体情况

光大银行杭州分行信用卡业务整体发展稳健，收入水平、交易透支规模位居全行上游，新客户规模位居全行中上游。截至 2019 年底，净营业收入 15.64 亿元，其中净中收 16 亿元，透支余额 178 亿，新增透支 35.77 亿元。新增中端客户 24 万户，新增高端卡客户 3 户。

（三）借记卡业务具体情况

2019 年，光大银行杭州分行借记卡发卡规模平稳增长，活卡量稳步提升，交易规模相对稳定，整体保持了良好的发展态势，且卡种数量繁多，能满足各类客群需求：有面向青少年儿童发行的银联标准借记卡"小银行家卡"；面向优质代发企业发行的"阳光薪悦卡"；面向高净值客户推出的"私行钻石卡"，涵盖了私人银行的优势金融产品和全新的增值服务体系。

（四）自有 APP 发展情况

2019 年，光大银行移动应用平台"阳光惠生活"APP 全面升级，致力于打造一款"懂你"的移动应用 APP。阳光惠生活 APP 采用大数据和人工智能技术，综合分析用户历史行为、偏好等各种数据并做出智能决策，为不同用户推荐喜爱的、更具价值的服务信息，带来千人千面的个性化呈现方式，免去用户寻找、点击、返回等各种繁琐操作，应用体验更出色。用户通过手机即可实现申卡、激活、修改资料、查询账单、还款、分期等功能，享受衣食住行乃至各种娱乐服务上的购买优惠，体验云养宠物，获得安全又贴心的服务。

（五）移动交易笔数

截至 2019 年底，光大银行杭州分行手机银行 APP（版本 6.0.6）注册客户 127 万户，其中当年净增 34 万户。手机银行当年活跃客户 42 万户，年交易笔数 155.60 万笔，年交易金额 13.97 亿元。

二、2019 年银行卡业务创新

（一）发卡业务

为进一步做好军人、军属、退役军人及其他符合条件的优抚对象的金融服务，光大银行设计推出了"拥军优抚"主题借记卡，使用本卡可享受军人优先窗口及相关金融服务优惠政策；针对观影类客户推出免年费的淘票票联名信用卡，配置五折观影活动权益；针对喜爱美食客户推出免年费的口碑联名信用卡，配置口碑美食商户五折优惠活动；针对年轻女性客户推出粉版抖音菁英白金联名卡，配置白金卡专属权益；为弘扬中华传统文化，推出大美中国系列产品，如栋梁主题卡、敦煌主题卡等，更与同道大叔、小黄鸭、My Melody、巴巴爸爸等大 IP 合作推出"UP"系列、"萌"系列联名卡，深受市场好评。

（二）收单业务

截至 2019 年底，光大银行杭州分行（除宁波）收单商户 1 210 户，全年新增商户 230 户，其中活跃商户 518 户，布放 POS 终端数 229 台，全年新增 POS 终端设备 207 台。全年累计交易金额 10.27 亿元，较 2018 年新增 9.48 亿元；全年累计交易笔数 110.9 万笔，较 2018 年新增 72.93 万笔。

（三）移动支付产品发展情况

光大银行杭州分行移动支付产品主要有手机 PAY 支付（手机闪付）和银联二维码支付，手机闪付注册客户 12.94 万户，月活跃客户 7 779 户；银联二维码客户 127 万户，月活跃客户 16.89 万户；其中银联云闪付绑卡客户 10.47 万户，活跃客户 5.02 万户。

（四）行业应用发展情况

光大银行杭州分行本着普惠便民的意愿，充分发挥线上缴费服务的业务优势，2019 年云缴费产品为桐乡市教育局旗下 20 余所学校提供服务，解决了学生学费缴费问题，同时也为学校提供了账务管理和资金清算服务。全年累计交易笔数 4.69 万笔，交易金额 7 176 万元。截至 2019 年底，共拓展 72 项党务云项目，服务近 6 000 名党员，交易笔数近 3 万笔，交易金额超 200 万元，获得各地区政府机构、事业单位和大型国企的一致好评。

（五）特色营销活动，对业务、品牌等提升成果

2019 年，光大银行加强市场营销布局，加大区域商户体系建设，线上线下围绕"美食""外卖""电影"等年轻人喜爱的消费场景，开展"五折美食""10 元美食""1元早餐""10 元电影"等活动；开展"节假日满额有礼"活动，选取重点节假日（端午、中秋、国庆、双十一、双十二等）加大费用投入，开展促交易活动，抓住旺季强化营销；开展白金卡客户专享优惠活动，包括"1 元购洗车权益""1 分购星巴克权益""50 元购 100 元加油权益"等；与美团合作开展外卖"满 20 减 10"活动，与京东商城合作开展购物随机最高减 188 元等优惠活动，与携程合作开展酒店产品"满 300 减 30"活动，与中青旅合作开展旅游产品"满 3 000 减 600"等活动，切实拉动交易增长，提升品牌影响力。

三、2019 年移动支付便民工程建设情况

（一）移动支付受理环境建设情况

光大银行杭州分行积极开展移动支付便民工程建设，为浙江省移动支付受理环境建设添砖加瓦。截至 2019 年底，布放的 229 台 POS 终端受理设备均集合了银行卡非接闪付、银联条码支付、传统银行卡支付为一体的综合支付受理设备。

（二）云闪付 APP 推广情况

截至 2019 年底，银联云闪付 APP 绑卡客户累计 10.47 万户，月活跃客户 5.02 万户。

第十章 区域性银行银行卡业务发展与创新

Regional Banks

2019 年，浙江农信、杭州银行、稠州银行、泰隆银行和温州银行等区域性银行积极融入浙江省经济发展，结合自身特色，创新产品，优化服务，提升自身品牌认知度，在移动支付受理环境建设、云闪付 APP 推广情况等方面取得了不俗的成绩。

第一节　浙江省农信银行卡发展与创新

一、2019 年银行卡业务发展

（一）业务整体发展情况

截至 2019 年底，借记卡发卡量 7 162.50 万张，新增 374.98 万张，增幅 5.52%，其中，IC 借记卡发卡量达 5 095.87 万张，占比 71.15%，新增 517.63 万张，增幅 11.31%。信用卡发卡量达到 455.3 万张，净增 61.21 万张，净增卡量同比增长 78.69%；消费额达到 957.81 亿元，同比增长 4.86 亿元。收单商户达到 108.65 万户，净增 21.03 万户，增幅 24.04%，零售支付业务 32.91 亿笔，金额达 7.19 万亿元，同比增长 79.99% 和 43.22%。

（二）信用卡业务具体情况

2019 年，浙江农信持续推广电商场景信用卡分期，电销账单分期、虚拟 POS 分期、家装分期等分期业务不断创新，有效开拓收入增长点，全年累计实现收入 30.88 亿元，其中大额分期卡分期手续收入 10.73 亿元。大力推进线上化业务办理和智能化进件审批，基于大数据实现了自动化审批、实时发卡，累计自动化审批进件 43.55 万笔，有效节约了成本，提升了业务效率。信用卡业务获得 2019 年度中国银联区域性银行突出业务贡献奖。

（三）借记卡业务具体情况

截至 2019 年底，共发行丰收社保卡 3 447.74 万张，新增 214.04 万张，增幅 6.62%，市场占有率全省第一。获得 2019 年度浙江银联银行卡业务综合奖。

二、2019 年银行卡业务创新

（一）发卡业务

1.持续探索银行卡场景建设

加快实体银行卡产品与业务推广模式结合，创新建设丰收小吃卡、军人卡等 17 项联名借记卡发卡拓客场景，共新增发行联名借记卡 53.01 万张，其中居住证卡新增 23.5 万张，实现场景化、批量化拓客，切实提升银行卡获客活客效率。

2.加快产品创新

面向 ETC 客群、年轻客群、乡贤、侨胞、台胞等不同客群，创新推出丰收畅行卡、丰收微加信用卡、乡贤卡、侨信卡、台融卡等多种主题信用卡、联名信用卡，实现了

The Innovation and Development of
Bank Card Industry in Zhejiang Province
数字时代
浙江省银行卡产业创新和发展报告
（2020）

120

权益个性化、审批自动化、渠道数字化、发卡实时化，累计发行超 20 万张。

3.优化服务体验

新增快递寄卡到家服务，对接"省邮政"社保卡快递业务，实现客户一次不跑，"申卡"到家。

（二）收单业务

持续丰富收单产品，提升商户服务能力，创新推出线下丰收一码通"四码聚合""丰收扫码盒"收单产品，创新设计"人脸付""语音播报盒"等收单辅助工具，深化赋能小微商户，有效提升经营效率。

（三）移动支付产品发展情况

截至 2019 年底，银联扫码支付消费金额 1.9 亿元，交易笔数 1 304.6 万笔，同比增长 475.76% 和 446.54%。手机闪付绑卡数达 42.85 万户，实现手机闪付消费金额 7 376.68 万元，交易笔数达 159.57 万笔，同比增长 22.52%。

（四）行业应用发展情况

2019 年，浙江农信大力推进全省城乡居民社保医保两费征缴，支持全省行社对接税务机关 83 家，服务 2 274 万城乡两费签约参保客户，成功缴款 154.61 亿元。

（五）全省地市、农村市场银行卡产业发展情况，农村支付服务情况

浙江农信以助农服务点为据点推动乡村社区服务，积极推广移动支付方式办理银行卡助农服务，同时结合地域特点，加大经济型自助终端、助农终端布放，推动移动支付应用向县域、乡镇下沉，构建可持续的农村支付服务生态建设。截至 2019 年底，浙江农信共设立助农服务点 15 480 家，布放助农 POS 机 10 385 台、助农终端 5 117 台，实现办理助农业务交易笔数 3 228.16 万笔、交易金额 306.99 亿元。

（六）特色营销活动，对业务、品牌等提升成果

2019 年、浙江农信围绕移动支付便民工程的开展，加大移动支付业务营销宣传，积极推广开展"周周刷""激活礼""一分随心兑""双十一多倍积分"、美团支付积分抵扣等营销活动，联合浙江银联共同开展"扫码立减""金秋购物节""一元购""五折乘地铁""1 分乘公交""首绑有礼"等专项营销，积切实提升品牌价值与服务体验，给客户提供实惠和便利。

三、2019 年移动支付便民工程建设情况

（一）移动支付交易推进情况

2019 年，浙江农信全系统支付业务实现持续增长，互联网支付消费达到 3 188.81 万笔，同比增长 105.85%，交易金额达 97.96 亿元；扫码支付交易笔数达 11.36 亿笔，累计收单金额 3 865.43 亿元，分别增长 214.69% 和 233.81%；2019 年移动支付活跃账

户数 156.98 万户，累计交易量 1 450.69 万笔，分别增长 194.49% 和 281.82%。

（二）移动支付受理环境建设情况

持续完善移动支付受理环境，基本完成传统电话 POS 机具向智能 POS 机具的升级改造、全面创新推广一码通"四码聚合"等收单产品与收单工具，切实提升小微商户经营效率，提高移动支付金融覆盖面。重点围绕优质商户，积极推进移动支付便民示范商圈（街区）的建设，全年完成 22 个示范商圈和街区的承建。

（三）移动支付重点便民场景建设情况

紧跟国家"放管服"战略，大力拓展 ETC 业务，加快完善高速收费场景建设，助力高速公路不停车快捷收费。截至 2019 年底，累计签约 ETC 636.22 万辆，其中 2019年新增签约 ETC 客户 396.99 万，占全省总增量的 48.26%，支持 ETC 交易 1.09 亿笔，交易额 51.87 亿元，分别增长 99.74% 和 101.64%。

（四）云闪付 APP 推广情况

2019 年，云闪付 APP 新增银行卡绑卡 102 万张，增幅 167.80%，累计推广云闪付APP 新用户数达 58 万户。

第二节 杭州银行银行卡发展与创新

一、2019 年银行卡业务发展

（一）业务整体发展情况

截至 2019 年底，借记卡发卡量 719.94 万张，累计有效发卡量 627.46 万张，净增141.16 万张，同比增长 30%；信用卡发卡量达到 114.50 万张，净增 60.87 万张，同比增长 1 357.07%；收单商户达到 12 152 户，同比增长 7 585 户；消费额达到 200 亿元，同比增长 31 亿元。金融 IC 卡发卡 741.96 万张，占比 62.45%，同比提升 15.98%。

（二）信用卡业务具体情况

2019 年杭州银行信用卡主要围绕场景化线上获客、移动化经营、全流程风险管理的经营策略，通过与头部场景化互联网平台合作，提升信用卡获客及经营能力，同时提升风险管理能力和系统建设能力，在信用卡发卡量上与 2018 年数据相比呈现一个质的飞跃。全年信用卡消费总额 68.89 亿元，预借现金 4.28 亿元，分期业务 6.59 亿元，交易总额较上年略有增长。

（三）借记卡业务具体情况

The Innovation and Development of
Bank Card Industry in Zhejiang Province
数字时代
浙江省银行卡产业创新和发展报告
（2020）

122

依托杭州城市发展和全国主要城市业务发展，2019 年借记卡发卡量增长迅速，结合微信、支付宝、京东、美团等电商场景合作，绑卡营销等活动的开展，拉新、促活效果明显，有效带动了借记卡的开卡和使用。

（四）移动交易笔数

杭州银行整合各类 PAY 资源，打造了移动支付品牌"易拍付"，截至 12 月底，各类 PAY 开卡量 6.7 万户，累计交易量 666.5 万笔（含二维码），累计交易金额 31 326.42 万元（含二维码）。

二、2019 年银行卡业务创新

（一）发卡业务

2019 年，信用卡获客以场景化、线上化模式为主，进件渠道逐步由线下向线上转移。申请端实现了合作方、本行手机银行、微信银行线上申请为主，全行网点推荐为辅的获客模式；审批端实现了线上自动化审批，营销端实现了营销方式的多样化和便捷化，极大地提升了客户体验和运营效率。与美团点评、浙江联通联合先后发行了联名信用卡，在获客渠道、产品功能和服务上均实现了创新及差异化经营。

（二）收单业务

在 2018 年基础上，杭州银行继续完善和推进收单业务建设，打造杭州银行"易收盈"收单品牌，结合银联条码支付综合前置平台，开展线上线下聚合支付业务。2019 年共发展商户近万家，累计交易笔数 124.98 万笔，交易金额 10.22 亿元。

（三）移动支付产品发展情况

2019 年，杭州银行完成了银联 PAY 业务的全产品线接入，实现了云闪付 APP 全业务的支持，成为最早完成接入的城市商业银行之一。同时，与美团、京东等大型互联网平台开展闪付项目的合作，拓宽手机闪付支付渠道。在人民银行支持下，上线了刷脸支付功能，并着手实现银联、网联的条码互联互通业务。

（四）行业应用发展情况

杭州银行结合自身优势，深耕细分场景，开发了党费、工会费、学费等缴费系统，服务企事业单位缴费需求。和杭州西湖景区合作，上线了 ETC 不停车缴费系统，实现了 ETC 在景区停车场的应用。

三、2019 年移动支付便民工程建设情况

（一）移动支付交易推进情况

2019 年，杭州银行在公共交通领域（公交、地铁）的应用取得了显著成效，在全行消费笔数中占比逐步提高，在全行同类支付方式中占 60%，其中 PAY 类交易占全行

PAY 消费笔数的 90%，IC 卡挥卡占全行 IC 卡挥消费笔数的 50%。

（二）移动支付受理环境建设情况

2019 年，根据浙江银联提供的符合开通双免条件的商户清单，其余商户的开通工作也在继续进行中，进一步完善了"免密、免签"支付体验。继续在全杭进行示范商圈改造工作，实现商圈内商户的二维码扫码支付、非接和手机 PAY 交易功能，率先完成示范商圈改造工作。开发以"易收盈"为品牌的收单侧产品，提供智能 POS、二维码牌、MIS-POS、移动 POS 等多种收款终端，同时支持银行卡、云闪付、支付宝、微信等多个收款渠道，适用于有收单需求的各类客户，且能广泛应用于各类场景。

（三）移动支付重点便民场景建设情况

为进一步丰富直销银行 II 类户应用场景，杭州银行积极拓展便民缴费项目，形成了以跨行学费、党费缴纳为特色的，包括小客车竞价摇号、水、电、煤等服务于一体的综合缴费服务平台，打造特色便民缴费通道。打造上线微信进件功能，即只要客户持有杭州银行的银行卡，关注杭州银行官方微信，即能实时在线办理商户申请，银行工作人员上门核实，真正实现了"一次也不用跑"的客户体验。

（四）云闪付 APP 推广情况

杭州银行云闪付推广工作采用"总分联动"机制，由总行牵头、督导、考核，浙江省内全部分支机构为营销主力军，省外各分支配合联动。全年各分支先后共有四千余名一线员工参与推广，通过员工推荐码注册下载云闪付的客户共 8.87 万户，绑定杭州银行银联卡客户数 12.93 万户，参与浙江银联 1 元购活动笔数 6.88 万笔。

第三节　稠州银行银行卡发展与创新

一、2019 年银行卡业务发展

（一）业务整体发展情况

截至 2019 年底，浙江稠州商业银行（以下简称：稠州银行）借记卡发卡量为 229 万张，其中实体卡 203 万张，电子 II 类卡 26 万张，借记卡发卡量净增 23 万张，同比增长 18.09%。信用卡发卡量达到 1.6 万张，净增 0.02 万张。金融 IC 卡发卡量达 170 万张，占比为 74.08%，同比提升 1.7%。银行卡消费额达到 127.38 亿元，同比降低 5.42 亿元。收单商户达到 3.59 万户，同比增长 1.29 万户。

（二）信用卡业务具体情况

The Innovation and Development of
Bank Card Industry in Zhejiang Province
数字时代
浙江省银行卡产业创新和发展报告
（2020）

124

目前，稠州银行信用卡仅发行公务卡一种，面向公务员及事业单位正式员工发行，用于持卡客户日常消费及所在单位行政报销使用的信用卡。现阶段信用卡主要工作内容为维护存量客户，进一步优化现有公务卡客群结构，为下阶段发行个人信用卡奠定良好基础。

（三）借记卡业务具体情况

2019 年，稠州银行借记卡业务发展稳步增长，无重大风险事件，借记卡累计发卡量和交易规模均持续增长。

二、2019 年银行卡业务创新

（一）发卡业务

2019 年，稠州银行发行了支持客户自定义卡号的义尊卡，面向单位客户的单位结算卡，面向小微企业、个体工商户、家庭式作坊等特定对象发行的小微企业卡 3 款特色银联卡产品。

（二）收单业务

为进一步丰富条码支付产品种类，提升产品竞争力，满足多场景下的金融结算需求，稠州银行基于条码支付业务，根据客户使用场景的不同，推出了场景支付平台，并根据客户需求，在同业中率先推出了智能音箱业务，帮助商户及时获取交易信息，避免收款过程中出现逃单现象。

（三）移动支付产品发展情况

2019 年，稠州银行大力推进移动支付产品推广，新增云闪付 APP 绑卡客户 5.5 万户，12 月移动支付活跃户数与交易量（省内除宁波）均实现大幅提升，较上年末分别增长54%、133%，荣获浙江银联 2019 年度"云闪付 APP 业务改造优秀合作奖"。

（四）行业应用发展情况

针对各类学校及培训机构等相关单位，以需求相对简单的中小学及培训机构为主、重点针对中小型的客户，尤其是目前仍采用手工缴费、对账和管理的学校推出学校缴费平台。针对小额高频的交易商户配套扫码机具推出收银台功能。针对中小型商务楼的停车场推出自助扫码支付或无感支付停车费功能的停车场解决方案。

三、2019 年移动支付便民工程建设情况

（一）移动支付交易推进情况

2019 年，稠州银行开展了"云闪付随机立减"专项营销活动，实现新增云闪付绑卡客户 1.5 万户，手机闪付和银联二维码的移动交易笔数达到 82.9 万笔，

被中国人民银行金华市中心支行、金华市商务局、金华市市场监管局和金华市总

工会联合评选为"金华市商业领域银行移动支付推广先进单位"。

（二）云闪付 APP 推广情况

2019 年，稠州银行积极推广云闪付 APP 业务，全年新增云闪付 APP 绑卡客户 5.5 万，稠州银行义乌管理部荣获浙江银联 2019 年度"云闪付 APP 网点推广特别贡献奖"。

第四节　泰隆银行银行卡发展与创新

一、2019 年银行卡业务发展

（一）业务整体发展情况

截至 2019 年底，浙江泰隆商业银行股份有限公司（以下简称：泰隆银行）借记卡发卡量 315.92 万张，全年净增 59.49 万张，同比增长 23.20%；信用卡发卡量 13.63 万张，全行净增 2.65 万张，同比增长 24.09%。

（二）信用卡业务发展情况

2019 年底，信用卡透支余额 12.19 亿元，同比下降 12.11 亿元，降幅 49.85%。根据监管要求，全年退出准贷记卡 15.03 亿元。

（三）移动交易笔数

2019 年全年移动支付总笔数 169.9 万笔，其中二维码扫码交易笔数 164.3 万笔，各类手机 PAY 交易笔数 5.6 万笔。移动支付活卡数共 11.3 万户，云闪付绑卡数达 3 万多张。

二、2019 年银行卡业务创新

（一）发卡业务

针对不同的客群和使用场景，发行以支持微小客户主经营为主的随贷通系列卡产品，如先锋卡、存贷卡、乡情卡、梦想卡等，发行个人消费类的信用卡，如吃货联盟卡、渔卡、白金信用卡等。结合金融科技的能力，实现信用卡线上作业流程，全年 80% 的新客户为纯线上获取。

（二）收单业务

与银联商务、通联、杉德等第三方收单机构合作开展 POS 收单业务，银行提供入账账户，截至 2019 年底，拓展商户共 1.43 万户。推出移动扫码收单产品"泰惠收"，该产品是面向商户推出的二维码收款工具，且一码聚合银联和泰隆手机银行等多种支

The Innovation and Development of
Bank Card Industry in Zhejiang Province
数字时代
浙江省银行卡产业创新和发展报告
（2020）

126

付渠道，覆盖多场景、多行业，截至 2019 年底已拓展 7 万商户。

（三）移动支付产品发展情况

2019 年泰隆银行实现支持小米 PAY、苹果 PAY、华为 PAY，以及云闪付 APP 二维码消费、转账功能、信用卡账单查询、信用卡跨行还款等功能，为用户提供多种移动支付方式。截至 2019 年底，泰隆银行手机 PAY 用户 8 千余户，云闪付 APP 绑卡 7.5 万户，较 2018 年增长 185%。

（四）行业应用发展情况

泰隆银行积极在行业应用领域方面探索：与零售行业 ERP 厂商直接合作，为商超客户提供银联扫码收单服务，截至 2019 年底，已开通支付 16 家超市，其中 12 家已开业；推出面向学校等线下场景的"泰惠收·缴费通"产品，截至 2019 年底，缴费通共拓展校园商户 84 户。

（五）全省地市、农村市场银行卡产业发展情况

为深入推动农村银行卡产业发展，引导持卡人正确使用银行卡，深化农村普惠金融服务，针对农村人群银行卡知识的薄弱环节和金融需求，泰隆银行开展了以"普及银行卡知识，防范金融风险，共建小康社会""防电信诈骗"等为主题的系列宣传教育活动。从贴近农村人群金融需求的基础知识入手，宣传普及银行卡及金融基础知识，提升农村人群银行卡知识水平和技能，引导客户树立科学用卡及投资理财的理念，提升客户风险防范能力。在全行范围内参与网点数 305 个，累计活动次数 1 018 次，发放宣传资料 8.162 9 万余份。

（六）特色营销活动

联合银联国际共同推出境外消费满返活动，有效触发银联高端信用卡的活跃度；推出猫眼电影满减活动、1 积分秒杀好礼、为爱遇见小蓝杯、百分心意，千分豪礼、甜蜜七夕秒杀、玩转双 11 秒杀等活动，有效增加信用卡客户黏性；针对区域商圈，推出 1~6 折美食活动、加油站满减活动、商超满减活动、洗车优惠活动等特色活动。

三、2019 年移动支付便民工程建设情况

（一）移动支付交易推进情况

2019 年全年移动支付活卡数共 11.3 万户，同比增长 1 198%，移动支付笔数 169.9 万笔，同比增长 1 931%。

（二）移动支付受理环境建设情况

泰隆银行通过"泰惠收"产品建设受理环境，面向的普通行业商户主要分布在建筑装饰批发、餐饮、服装、化妆品卫生用品批发、各类杂货店、便利店等，成功推广移动支付商户共 1.19 万户。

（三）移动支付重点便民场景建设情况

泰隆银行积极在便民场景建设方面探索，在云闪付食堂、公共缴费、智慧菜场以及公交支付等领域，通过与第三方合作的方式深化移动支付场景建设。如在云闪付食堂领域，泰隆银行首先对两个就餐人数较多的食堂完成了支付方式改造。截至 2019 年底，累计改造完成 42 家分支机构。在公共缴费领域，泰隆银行在台州椒江与燃气公司合作，为客户开通现场燃气缴费功能，终端机具全面支持银卡非接、手机 PAY 及银联二维码；在智慧菜场领域，泰隆银行与新安菜市场合作，在摊位布放了电子秤 +POS 终端，为客户提供便捷的银行卡非接及手机 PAY 移动支付功能；在公交乘车支付领域，泰隆银行作为账户银行与台州三区的公交公司达成银联卡移动支付合作，实现手机 PAY、银联二维码支付公交乘车费用。

（四）云闪付 APP 推广情况

积极参与人行、银联组织的"一元购""一分钱坐公交""9 折坐地铁"等活动；结合自身优质产品推广云闪付 APP，如"邂逅 6/7/8"活动，泰隆银行贷记卡持卡人可在与其合作的 170 家左右餐饮商户门店通过云闪付 APP 或手机银行 APP 扫银联二维码消费，享受 1~6 折优惠。通过线上引流、线下消费的方式引导用户使用云闪付 APP。

第五节　温州银行银行卡发展与创新

一、2019 年银行卡业务情况

截至 2019 年底，借记卡累计发行 325.87 万张，较 2018 年新增 17.25 万张，同比增长 5.59%，其中累计发行金融 IC 卡 94.59 万张，占比 29.03%，同比提升 3.97%；借记卡消费交易额达到 369.52 亿元，较 2018 年增长 97.32 亿元；信用卡累计发卡量为 76.97 万张，较 2018 年净增 4 532 张，同比增长 0.59%。业务规模合计 133.19 亿元，较 2018 年减少 62.29 亿元，同比减少 31.87%，整体业务规模有所缩减。

二、2019 年银行卡业务创新

（一）积极拓宽温州市民卡发卡渠道，推动业务稳步增长

为助力"最多跑一次"改革，增强群众社保服务满意度，温州银行积极探索市民卡业务新模式：实现温州市民卡开卡、挂失 / 解挂、补换卡等业务网上办理方式；积极推动温州市民卡出生"一件事"、退休"一件事"业务办理，简化业务流程；开通异

The Innovation and Development of
Bank Card Industry in Zhejiang Province
数字时代
浙江省银行卡产业创新和发展报告
（2020）

128

地办理温州市民卡功能。通过与温州市人力资源和社会保障局合作，开通异地办理温州市民卡功能，方便异地温州办理社保业务。

（二）收单业务

2019年，积极开展聚收银条码支付业务和银行卡人脸支付业务创新，聚收银条码支付累计交易笔数2786笔，交易金额473.69万元，银行卡人脸支付总交易笔数490笔，总交易金额0.33万元。

（三）行业应用发展情况

以中国银联云闪付APP为基础平台，联合温州部分教育机构合作，创新开展移动互联网支付服务，试点开发学费代缴云缴费示范应用。为医院、交通、物业、培训等部分优质行业或者具有国营背景的商户提供个性化、差异化、综合化的聚合支付服务，实现线下线上多个支付渠道一站式资金支付、结算、对账、退款等内容，提高客户综合金融服务黏性。

三、2019年移动支付便民工程建设情况

（一）移动支付交易推进情况

2019年，温州银行投入宣传费用202万，大力开展本行移动支付便民应用竞赛。竞赛活动设置移动支付便民应用推广突出贡献奖、云闪付APP"一元购"最佳推广机构、云闪付APP新增绑卡最佳组织机构、移动支付交易明星机构等奖励。截至2019年底，移动支付累计交易笔数306.9万笔，同比增长1485.6%，累计交易金额1.62亿元，同比增长508.2%。

（二）移动支付受理环境建设

2019年5月，温州银行上线商户收款码支持银联二维码支付功能；同时，围绕优质商户，如温州医科大学附属第一医院，支持医院POS机具可以通过手机支付、银行卡闪付缴纳各项诊疗费用等，该项功能的推出扩大了移动支付在民生医疗行业的应用，为就诊人员提供了丰富便利的缴费渠道，受到广大市民和医护人员的一致好评。

（三）移动支付重点便民场景建设

温州银行深化移动支付在公共交通、超市、自助售货机、菜场商户、学费代缴等各个领域的应用，2019年具体开展的场景建设如下。

1. 超市、自助售货机领域

开展"满5元随机立减2~10元"活动，共投入费用46万元，活动实现移动支付交易笔数达21万笔。开展"0.1元请你喝饮料"营销活动，共投入费用8万元，实现移动支付笔数3.2万笔。

2. 公共交通领域

联合温州地区银行机构开展"5折坐公交"活动，共投入营销费用 27.5 万元。联合温州市驾校协会，为 3 家驾校培训机构提供支持云闪付 APP 或银联在线支付服务。联合银联开展 "1 分钱坐 S1 线"活动，引导客户乘坐轻轨使用手机 PAY 支付，大力推广移动支付。

3. 云闪付 APP 商户、菜场领域

开展"零售商户拓展竞赛"（商户使用云闪付收款）活动，实现拓展云闪付收款商户 520 户，实现移动支付笔数 110 万笔。在银联 "买菜满 6 元随机立减"营销活动的基础上加码激励，成功拓展了上田农贸菜场和黄龙菜场，拓展菜场商数 43 户。

4. 公共缴费领域

和银联合作开展客户在云闪付上使用银联卡即可在线缴纳学费，截至目前已成功上线 11 家平阳当地学校。全行实现云闪付缴纳党费，全年累计缴纳党费 1.5 万笔。全行各分支行食堂实现云闪付缴纳餐费。

（四）云闪付 APP 推广情况

2019 年，温州银行通过移动支付走进校园、走进机关企业，走进社区和老年大学，走进菜场、影院和工地等，大力宣传云闪付 APP 等相关移动支付知识，全年组织开展宣传营销活动 1 050 多次。为提升云闪付 APP 绑卡率，推出 "云闪付绑卡有礼，绑越多送越多"活动，最高送 30 元话费。为提高云闪付交易笔数，开展"一元购"活动。同时，针对拓展人，每拓展一个"一元购"客户奖励 5 元活动。截至 2019 年底，累计"一元购"交易笔数 3.25 万笔；累计云闪付绑卡数 7.47 万张。

第十一章

非银行支付机构、专业服务机构业务发展与创新

Non-bank Institutions

2019 年，银联商务浙江分公司、拉卡拉支付浙江分公司、易生支付杭州分公司、银盛支付杭州分公司、福建国通星驿浙江分公司和杭州市公共交通云科技有限公司等非银支付机构、专业化服务机构充分运用科技能力，积极推动移动支付产品和服务的发展创新，重点打造了智慧公交、智慧停车等移动便民应用场景。

第一节 银联商务浙江分公司发展与创新

一、业务发展

银联商务股份有限公司（简称：银联商务）是中国银联控股的，专门从事线下、互联网以及移动支付的综合支付与信息服务机构。银联商务股份有限公司浙江分公司（以下简称：银联商务浙江分公司）成立于 2003 年 12 月，长期以来，公司一直把社会责任放在首位，致力于改善浙江地区银行卡受理环境和电子支付环境，促进银行卡整体受理环境的建设，与市场参与各方和谐共赢。截至 2019 年底，银联商务浙江分公司服务特约商户 15 万家，维护 POS 终端 15 万台，覆盖百货商超、餐饮酒店、航空旅游、财税金融、电商物流、保健医疗等多个行业；2019 年受理各类交易 9 449 万笔，累计交易金额 7 087 亿元。

二、业务创新

（一）银商优码

面对疫情期间线下客户骤减、货物积压、食材浪费、销售渠道受限等难题，银联商务通过整合公司丰富的移动端产品，推出"银商优码"和"银商优客"综合解决方案，利用互联网的开放性和传播性，快速协助线下传统客户转型互联网电商，在疫情防控的关键时期，实现"防疫"和"业务"两不误，攻坚克难促发展。

（二）资金自主管理系统

银联商务商户资金自主管理系统重点聚焦企业资金和金融场景，以行业平台商户分账需求为切入点，为行业平台商户及关联商户提供全账户的资金分账服务。同时，结合行业商户的不同场景，包装了打款验证、代发工资、押金退回、异步销账、购买理财等其他收付款类金融服务。为餐饮、房地产、景区、无人售货、电影、线下商业综合体、服装、居民服务等多个行业的关联商户提供了收单、资金管理、对账一体化的资金服务。

（三）行业定制化整合

银联商务积极推动银联"云闪付"在民生领域的广泛应用，持续改善和优化移动支付受理环境，并依托"支付 +"让办税缴税、社保、医保缴纳、物业缴费等各类民生服务全面拥抱互联网，用实际行动践行"支付为民"。为解决国地税合并后带来的"一窗通办"等办税难题，银联商务推出智慧缴税解决方案；为减轻医院人工缴费窗口的压力，以智慧医疗为切入点，与医院系统对接，实现患者通过自助缴费终端挂号、缴费、在线预约、住院押金预缴存等便捷功能；为满足监管政策要求、保障售楼资金安全，银联商务推出房管 POS 与当地房管局系统对接，实现流程化管理。上述功能在提升持卡人日常缴费体验的同时，也推动了行业"互联网 +"服务体系的构建。

三、服务创新

秉承"打造综合支付与信息服务提供商"的经营理念，依托银行卡受理市场的传统优势，银联商务以服务创新为导向，以更加丰富的产品、更加全面的服务渠道、更加灵活的服务手段、更加专业的服务技术、更加活跃的创新精神，提供全方位、差异化、高品质、新体验的综合支付服务和信息服务，继续为改善电子支付环境贡献力量。

（一）自助签约平台

银联商务在服务模式互联网化方面不断探索，推出了银联商务自助签约平台。针对以往传统模式下商户手工填写材料易出错、提交材料耗时长等问题，银联商务应用 OCR 图片识别、人脸比对、电子签约等技术打造了银联商务自助签约平台。基于该平台，商户只需登陆银联商务微信服务号、"全民付"微信公众号、银联商务 APP 等移动端渠道，上传身份证、银行卡、营业执照等材料，通过人脸比对进行身份认证，即可自主申请开通银联商务一系列"支付 +"业务。目前自助签约平台上的银行卡受理、扫码支付、营销联盟、全民付、统一会员卡等业务，均已实现 D+0 分钟级开通速度。

（二）掌上服务平台

银联商务为特约商户打造专属掌上服务的平台，借助新型的移动互联网技术，传统线下银行卡收单业的服务渠道、服务手段、服务响应、资源配置等全面智能升级，创新打造出商户服务的"O2O 模式"。掌上服务平台聚合了客服电话和 PC 端互联网服务的优势功能，囊括了账务服务、差错处理、业务办理、报修、签购单配送、收银员培训等各类基础服务，并充分发挥移动互联网技术和终端设备所打造出的"零界"优势，实现前端市场商户实时需求与银联商务后台服务系统、外勤客户经理等集约化高效配置的完美无缝对接。

四、移动支付便民工程建设情况

（一）商圈建设

银联商务助力推动"云闪付"落地校园、药房、商圈街区等各大民生领域，依托近几年的产品研发及市场拓展，银联商务积累了一大批综合体商圈、大中院校、连锁药房、连锁餐饮商户，2019 年承接 20 个移动支付便民工程示范商圈的建设工作，结合丰富的营销活动在商圈内宣传推广银联云闪付业务，打造了覆盖日常生活方方面面的移动便民生活圈，为百姓带来更加便捷和高效的生活体验。

（二）单品营销

单品营销活动是银联体系联合消费品牌创新营销的首次试水。单品营销具有效率高、易扩展、商业模式多等特点，有效实现客户引流，交易情况也达到了预期的增长效果。该项活动累计核销 8 万余笔，投入活动费用 70 余万元。活动显著提升了云闪付 APP 下载量和使用频次，提高在 C 端用户的影响力和知名度，促进了云闪付品牌推广。

（三）公共出行

针对市民公共交通出行时忘带交通卡或者零钱的尴尬，银联商务助推银联"云闪付"智慧出行解决方案，实现对公交车、地铁、客运、高速公路、加油站、停车场等各大出行场景的全覆盖，为市民百姓解锁了智慧出行的新姿势。目前已覆盖全省 8 个地市，布放终端近万台，2019 年累计交易金额 2 亿元，交易笔数 5 760 万笔。

第二节　拉卡拉支付浙江分公司发展与创新

一、业务发展

拉卡拉支付股份有限公司（简称：拉卡拉）成立于 2005 年，是国内首批获得央行颁发《支付业务许可证》的第三方机构之一，专注于为实体企业提供收单服务和多元化增值服务，通过"线上＋线下""硬件＋软件"的形式实现全场景布局。截至 2019 年底，拉卡拉推出了拉卡拉智能 POS、拉卡拉收钱宝盒、拉卡拉收款宝、拉卡拉云小店、拉卡拉收款码、拉卡拉汇管店等产品，为广大客户提供了安全、便捷、优质的支付服务。2019 年 4 月 25 日，拉卡拉成功登陆深交所，成为国内支付行业成功上市第一股。自业务开展以来，已累计服务商户超过 2 100 万家，商户类型覆盖商超、便利店、社区零售店、物流、餐饮、物业、保险、贸易等行业。

拉卡拉支付浙江分公司成立于 2009 年，所有业务均为拉卡拉总部授权开展，主要负责浙江地区银行卡收单业务的市场开拓与属地化管理，致力于为浙江地区用户提供更方便、快捷的产品及更优质的服务，全面满足用户需求。2019 年，拉卡拉支付浙江分公司进一步完善了银行卡收单业务运营管理体系及配套工作机制，保证了系统安全、稳定运行及业务合规、有序开展。

The Innovation and Development of
Bank Card Industry in Zhejiang Province
数字时代
浙江省银行卡产业创新和发展报告
（2020）

134

二、业务创新

自成立以来，拉卡拉一直致力于为中小微商户提供更好的服务，从开创便民支付服务到 2012 年全面进入银行卡收单市场，再到发力跨境支付市场，在为广大从事电子商务业务的境内外商户提供支付结算整体解决方案的同时，拉卡拉还与国内知名跨境物流仓储企业合作，为商户提供跨境物流仓储解决方案和相关增值服务。拉卡拉凭借自身品牌优势，以用户需求为出发点，不断与时俱进，进行科技创新，交易规模呈稳步增长态势。2019 年，拉卡拉支付浙江分公司在移动支付业务创新方面也积极发力，开展了一系列富有成效的创新实践和有益尝试。

（一）无感停车项目

拉卡拉支付浙江分公司积极与浙江银联开展合作，在杭州市各城区的银联合作智慧停车场内，通过停车场车牌识别技术与银行卡捆绑而实现停车缴费的快捷支付。车主首次使用时，需通过手机 APP 注册并绑定具有银联标识的银行卡及车牌号，系统验证通过后，在车辆驶入、驶离停车场时，无需人工操作，由系统根据摄像头拍摄的车辆信息，自动计算停车费用并从绑定的银行卡中扣收，实现无感进出、自动缴费，整个过程便捷流畅，用户无需驻车等候，通过时间从原来的 10 秒缩短至不足 2 秒。无感支付不仅提高了民众停车付费的快捷性，而且还有效落实了便民智慧升级理念，推进了智慧城市的建设与发展。

（二）拉卡拉云小店

为鼓励和引导线下商户向线上转型，拉卡拉推出拉卡拉云小店服务，支持微信、支付宝、银联二维码、刷脸支付等主流支付方式，为商户提供软件、硬件加支付的全套解决方案。商户可选择单屏、双屏、双屏人脸三种不同规格的收银机设备，能满足商超、生鲜、美妆、服装等不同经营场景需求，软件功能主要包含线上 H5 微商城、线下收银系统、智能店铺运营管理等服务，可为商户提供个性化定制服务，商户可通过线上 H5 微商城建立自己的粉丝池，通过创建拼团、裂变红包、分销、社区团购等营销活动，成功锁客、留客、引客、拓客，最终实现客流与收益双增长。

三、移动支付便民工程建设情况

2019 年中国移动支付市场进入高速发展期，拉卡拉支付浙江分公司积极与浙江银联开展合作，着力于加强移动支付便民工程十大便民场景的建设工作，以支持银联云闪付的终端作为主打产品进行营销推广，支持银联二维码、NFC 近场支付、无感支付等多种支付方式，进一步加强公众对于移动便捷支付的了解。2019 年重点建设项目主要有：在杭州各城区停车场内通过车牌识别技术与停车电子收费技术相融合，实现云闪付无感停车收费；在省内学校师生只需下载"云闪付"APP并完成校园码功能开通，即可仅凭手机完成线上充值缴费及在校内食堂、超市、打印店等消费场景实现扫码支付，减少人员聚集，节省排队时间。

第三节　易生支付杭州分公司发展与创新

一、业务发展

易生支付有限公司（以下简称：易生支付）是易生金服旗下专业第三方支付公司，2008年12月30日在天津注册成立，注册资本10亿元人民币，是全国第一批获得中华人民共和国支付业务许可证（互联网支付、预付卡发行与受理）的非金融服务机构，并于2016年8月12日顺利通过中国人民银行《支付业务许可证》续展申请审核，成为全国首批续展成功的第三方支付企业并获得"银行卡收单（全国）、移动电话支付"两项支付业务许可增项。易生支付秉承着"精彩生活、易生相伴"的理念，致力成为极致的航旅购支付专家。易生支付有限公司杭州分公司于2010年4月23日注册成立，在公司发展壮大的10年里，致力于为客户提供好的产品和技术支持、健全的售后服务。

二、业务创新

（一）丰富业务类别

针对海航集团内部的航司进行大力推广线下收单及线上OTA平台合作，利用行业优势，开拓航司类业务的收单体系；接入多家优质合作方，增加地推团队，提高代理分润比例，对真实有效商户进行奖励，并吸入多家Mis、EPR、Saas系统的合作，提高了商户的黏性，有效提升了在浙江的商户占比及业务体量。

（二）创新收单产品

2019年，上线点单系统，为餐饮行业提供了便捷的点单流程及人工成本；开发二维码语音报告功能，可以使小额高频的商户，快速确认收款情况；优化商户对账系统，为收单商户提供全方位对账、收款确认、自助退款等多个应用功能；ERP系统合作，为百货类商户及有仓库管理需求的商户提供ERP核销系统，大大降低了商户盘库的压力，并对库存情况一目了然。

（三）拓展优质商户

针对优质商户实施奖励政策，其中包括连锁品牌、集中性商城、SaaS系统接入、

The Innovation and Development of
Bank Card Industry in Zhejiang Province
数字时代
浙江省银行卡产业创新和发展报告
（2020）

136

银行理财业务、4s店、房产类商户、商超等都做了相应的激励，有效拓展了包括中国电信、珠宝类（老凤祥、周大福等）、服装品牌类（劳伦威、百格丽、阿迪、耐克等）、家具类（慕思、欧派橱柜等）、美容连锁类（可诺丹婷、永琪等）及食品连锁店等知名品牌商户；针对高铁二维码点单进行了系统接入，目前已实现多种支付方式；成功接入两家加油站系统集成商，现系统已经联调测试成功；成功接入12家银联开放平台服务商及4家银联前置平台服务商。

（四）优化收单风险管理

针对内部风险系统进行两次升级优化，高效提升事中交易预警能力，对无效户清理。每季度对无交易的商户进行包括不仅限于上门回访、电话联系、营销激活等动作，对无法再次进行收单服务的商户在第一时间关闭交易功能，一周内完成撤机工作；开展定期培训，每周针对员工开展风险视频培训，包含人行新规范宣讲、银联卡风险管理规章制度、收单风险管理、信用卡发卡风险控制、特约商户套现风险案例和管理、免交单商户清算、退货、单边账、手工预授权处理、新商户入网业务流程等内容的风险管理培训及各支付机构风险案例解析，提高员工的风控意识和能力。

第四节　银盛支付杭州分公司发展与创新

一、业务发展

银盛支付服务股份有限公司（简称"银盛支付"）作为首批获得央行颁发《支付业务许可证》的第三方支付机构，拥有支付全牌照，允许在全国范围内从事银行卡收单业务、互联网支付、移动电话支付，并在2016年成功续展支付牌照。在当前支付行业趋势下，银盛支付战略定位为一家场景金融科技服务商，不断丰富支付产品及场景，加大科技创新投入力度，积极探索金融与科技融合发展之路。银盛支付杭州分公司作为在浙分支机构，秉承总部经营改革创新理念，从客户的实际需求出发，助力商户实现智慧经营，为各行业提供综合支付解决方案，通过创新和整合，推出适合小微商户需要的产品和服务，帮助他们提升商业效率，降低商业成本，同时也为消费者创造了更好的支付体验，为支付行业的发展增添动力。

二、业务创新

（一）"支付 +"服务创新

银盛支付积极布局"支付 +"服务，聚焦聚力高品质、竞争力、现代化，大力发展移动支付产品。利用技术创新、客户体验等方面的优势，充分发挥第三方支付机构在支付市场的补充作用。银盛支付杭州分公司严格遵循监管部门业务监管框架，把握业务发展方向，积极参与金融科技创新试点。2019 年 10 月，银盛支付杭州分公司在当地人民银行、银联的指导支持下，作为首批金融科技试点机构，成功推出"刷脸付"线下支付安全应用产品。

（二）智能终端产品

银盛支付杭州分公司积极响应政府"移动支付之省"建设号召，在单一的场景支付方式不能满足市场多元化的需求，消费者对支付的要求越来越高的背景下，有效推动移动支付领域的创新发展，银盛支付智能终端产品应运而生。该创新产品在结合银盛传统 POS、"立码付"已有的产品优势上，还将一切对支付的想象落到实处，实现了支付、营销以及金融的深度整合。集多种收银方式、金融增值服务和营销功能，支持各种支付类型，是智能手机、收银机、传统 POS 机、管理系统的合体。在支付方面，首先实现了支付模式的多样化，除了传统的刷卡支付，还支持当下新兴的扫码支付（主扫、被扫）、刷脸支付、Apple PAY 等支付方式。

（三）深入融合，多向赋能

银盛支付利用金融科技的力量，在深入了解客户的核心需求基础上，布局电商、娱乐、制造、房车、商旅、物流、保险、跨境、互金、航票等行业，通过支付与场景的融合，将自身掌握的金融科技能力，对外赋能，为客户提供一系列解决方案和产品，让客户快速拥有强生产力，助力商户提升效能、降低成本。重点打造银账通（钱包账户体系解决方案）、银保通（保险行业解决方案）、银盛云（垂直行业 SaaS 综合支付解决方案）、乐扫精灵（零售行业解决方案）等产品。通过创新产品的推广应用，打通"场景化服务与获客活客""平台化融合与开放合作"模式，重新定义了与银行业机构合作、为小微商户提供普惠金融服务的全新理念。

三、移动支付便民工程建设情况

银盛支付杭州分公司积极支持移动支付便民工程，通过对接银联"云闪付"，推广"云闪付"APP 等措施，更好地改善民生服务，持续优化支付服务供给结构，提高支付服务供给水平，满足人民群众对安全、便捷支付的需求。

The Innovation and Development of
Bank Card Industry in Zhejiang Province
数字时代
浙江省银行卡产业创新和发展报告
（2020）

138

第五节　福建国通星驿浙江分公司发展与创新

一、业务发展

福建国通星驿网络科技有限公司（以下简称：国通星驿）成立于 2010 年 6 月，是由新大陆全资控股的一家专门提供银行卡收单综合支付服务的第三方支付机构，与中国银联、中国邮政等多家大型企业集团建立了长期战略合作关系。拥有中国人民银行颁发的全国性《支付业务许可证》，已在全国 31 个省市完成备案工作，实现了行业客户、渠道客户的落地支持。

国通星驿浙江分公司自 2014 年 9 月成立以来，积极改善浙江地区银行卡受理业务环境，推动移动支付的发展与创新，致力于为客户提供"安全、简单、快捷"的综合金融服务。国通星驿浙江分公司作为国通星驿浙江地区的大本营，业务涵盖了传统 POS、智能 POS、银联二维码等，同时大力推广云闪付、手机 PAY 等移动支付产品，打造云闪付商圈、智慧公交和肉菜流通追溯主体码项目等便民工程。公司秉承诚信经营、热忱服务、持续创新、不断超越的核心价值观，以传承小微价值，创新普惠金融为使命，致力成为中国领先的非金融服务机构。截至 2019 年底，国通星驿浙江分公司服务商户 4.17 万家，维护机具 4.48 万台，银行卡业务累计交易笔数 0.18 亿笔，累计交易金额 991.74 亿元。

二、业务创新

（一）智慧公交

国通星驿浙江分公司积极响应国家惠及民生的号召，携手浙江银联，助力浙江多地建设公交移动支付服务，2019 年，浙江省江山市、海宁市等地公交已启用移动支付功能。国通星驿浙江分公司在此次移动支付服务改造项目中，承担从终端布放与维护、走访巡检、人员培训等日常维护工作，国通星驿总部承担 POS 程序开发、差错处理、资金结算、平台服务到资金清结算的核心业务，升级改造后的公交，能够全面支持云闪付、闪付、银联卡，以及多款主流智能手机 PAY 支付等便捷支付方式，为公交乘客提供安全快捷的支付体验，加快了"智慧公交"建设，实现城乡公交一体化。

（二）杭州肉菜流通追溯主体码项目

国通星驿浙江分公司借助城市追溯平台，通过二维码技术，将结合"人码"和"物码"属性的"主体码"应用于流通追溯体系，协助批发商和农贸市场完成供应商、采购商、零售商、商品的信息入库，为消费者提供商品溯源服务。项目在杭州古荡农贸市场试点，农产品追溯信息和索要溯源票据比例提升了 80%。

第六节　杭州市公共交通云科技有限公司发展与创新

一、业务发展

杭州市公共交通云科技有限公司（以下简称：数知梦·公交云），成立于 2017 年，创新融合全球领先的互联网架构技术、能力资源与传统的公共交通行业的业务，以云计算、大数据、移动互联网、人工智能、云安全等新型互联网数据技术，助力公共交通信息化、数字化、智能化转型升级，原创开发应用公交移动支付及基于离线二维码的公交一体化整体解决方案。目前，数知梦·公交云面向杭州、南京、济南、重庆、福州、昆明、厦门、青岛、温州、上饶等 100 余城市公交和地铁项目提供一站式服务。

二、业务创新

（一）刷银联卡乘公交

数知梦·公交云与浙江银联合作，在公交方有力的技术支持下，率先在杭州公交车上推出了刷银联卡乘公交，得到杭州市民的认可和普遍使用，日最高使用次数达到 70 万人次，并以此为基础，将刷银联卡乘公交逐步推向全省。实现刷银联卡乘公交，既扩大了银联用户量，增加了使用的频次，又大大方便了银联用户乘坐公交、地铁。目前，刷银联卡乘公交、坐地铁已成为一种普遍现象。

（二）电子客票

为进一步提高银联用户乘坐公交的体验效果，提供更加方便、更加可靠的支付方式，数知梦·公交云结合浙江银联的要求，积极创新，提升云闪付在公交支付业务方面的功能和方便性，助力开发银联—杭州公交电子客票，并于 2019 年 11 月 19 日在杭州公交开展了全国尝鲜体验活动。杭州市民可以在银联云闪付 APP 上抢购一日卡、二日卡和通勤卡，实现离线二维码扫码乘公交，享受优化乘车活动，取得了较好的效果。目前，杭州公交万辆公交车（除 588 路外）已全部开通刷银联卡和电子客票离线二维码扫码乘公交，电子客票日均使用次数超过 10 万人次，并呈现不断上升的趋势。电子客票的创新为公交提供个性化、定制化服务和公交票务票制改革等方面创新了思路。

The Innovation and Development of
Bank Card Industry in Zhejiang Province
数字时代
浙江省银行卡产业创新和发展报告
（2020）

140

公共出行移动支付业务具有高流量、高并发、高安全、广拓展等特点，对传统收单支付系统提出更为苛刻的要求，不仅需要合理规划各支付场景的支付策略，优化系统性能，更需要深挖场景，广泛链接各大银行支付结算端口，以便聚合各大银行资源，让用户以更便捷、更快速的方式享受移动支付带来的便利性，实现服务价值，不断拓展业务。数知梦·公交云拟为银联升级移动支付平台，通过标准化的基础建设、配置化的流程设计、多样化的产品装配、统一化的业务管控，为各业务场景提供支付服务，如结合公交、地铁、医疗、校园、园区、社区、零售等行业业务逻辑及规则，实现场景化应用。

2019 年浙江省银行卡产业大事记

2019 年 3 月，中国人民银行杭州中心支行发布《关于进一步深化农村支付服务环境建设的通知》（杭银办〔2019〕21 号），要求进一步改善农村支付服务环境，助力乡村振兴和普惠金融发展。

2019 年 3 月，云闪付 APP 实现浙江全省及各地市（含宁波）电子社保卡一级签发和二级签发功能，同步接入社保和医保移动支付两项应用。

2019 年 5 月，中国人民银行杭州中心支行向全省银行转发人民银行总行办公厅发布的《关于组织开展银行卡助农取款服务风险摸排和清理整顿专项工作的通知》（杭银办〔2019〕98 号），要求高度重视银行卡助农取款服务风险摸排和清理整顿工作，通过自查、排查、整改和核查，净化银行卡助农取款服务市场，推动助农取款业务健康发展。

2019 年 7 月，首创研发"线上无卡预授权 + 无跳转支付"的银联标准卡"医后付"产品，成功纳入浙江省卫健委推广范围。

2019 年 7 月，中国人民银行杭州中心支行发布《关于开展支付清算系统风险排查的通知》（杭银办〔2019〕99 号），要求加强支付清算系统安全管理，防范支付清算风险，确保支付清算系统安全稳定运行。

2019 年 8 月，中国人民银行杭州中心支行、浙江省科学技术厅、浙江省商务厅、浙江省市场监督管理局、浙江省地方金融监督管理局、中国银行保险监督管理委员会浙江监管局联合发布《浙江移动支付之省建设工作方案（2019-2022 年）的通知》（杭银发〔2019〕112 号），要求贯彻落实省委、省政府实施数字经济"一号工程"，推动国家数字经济示范省建设，大力发展全省移动支付产业，服务经济金融和社会民生。

2019 年 9 月，全国率先上线地铁云闪付乘车码过闸，杭州地铁全线网实现云闪付地铁乘车码扫码过闸全覆盖。

The Innovation and Development of
Bank Card Industry in Zhejiang Province
数字时代
浙江省银行卡产业创新和发展报告
（2020）

142

2019 年 10 月，中国人民银行办公厅、发展改革委办公厅、科技部办公厅、工业和信息化部办公厅、人力资源社会保障部办公厅、卫生健康委办公厅联合发布《关于开展金融科技应用试点工作的批复》（银办函〔2019〕115 号），同意浙江在内的 10个省（市）开展金融科技应用试点，试点工作自批复之日起为期 1 年，要求以北京市金融科技"一区一核、多点支撑"建设为依托，探索新一代信息技术在促进金融提质增效、改善民生服务水平、提高风险防控能力等方面的应用，使科技创新成果更好地惠及民生。

2019 年 10 月，中国人民银行办公厅发布《支付业务风险提示》，进一步加强支付领域账户风险管理和监测机制，要求各商业银行高度重视企业银行账户管理工作，强化账户实名制要求，审慎开通企业网银业务，合理核定网银限额，防范恶意注册企业开立银行账户。

2019 年 11 月，银联—杭州公交电子客票全国首发，杭州公交万辆公交车全面开通受理银联标准乘车码。

附录二

浙江省银行业机构名单

中国工商银行股份有限公司浙江省分行
中国农业银行股份有限公司浙江省分行
中国银行股份有限公司浙江省分行
中国建设银行股份有限公司浙江省分行
浙商银行股份有限公司
浙江省农村信用社联合社
交通银行股份有限公司浙江省分行
中国邮政储蓄银行有限责任公司浙江省分行
中信银行股份有限公司杭州分行
上海浦东发展银行股份有限公司杭州分行
华夏银行股份有限公司杭州分行
招商银行股份有限公司杭州分行
广发银行股份有限公司杭州分行
平安银行股份有限公司杭州分行
中国民生银行股份有限公司杭州分行
兴业银行股份有限公司杭州分行
中国光大银行股份有限公司杭州分行
恒丰银行股份有限公司杭州分行
渤海银行股份有限公司杭州分行
杭州银行股份有限公司
温州银行股份有限公司
嘉兴银行股份有限公司

The Innovation and Development of
Bank Card Industry in Zhejiang Province
数字时代
浙江省银行卡产业创新和发展报告
（2020）

144

湖州银行股份有限公司

绍兴银行股份有限公司

金华银行股份有限公司

浙江稠州商业银行股份有限公司

台州银行股份有限公司

浙江泰隆商业银行股份有限公司

浙江民泰商业银行股份有限公司

上海银行股份有限公司杭州分行

宁波银行股份有限公司杭州分行

北京银行股份有限公司杭州分行

江苏银行股份有限公司杭州分行

南京银行股份有限公司杭州分行

福建海峡银行温州分行

温州民商银行股份有限公司

东亚银行（中国）有限公司杭州分行

恒生银行（中国）有限公司杭州分行

南洋商业银行（中国）有限公司杭州分行

星展银行（中国）有限公司杭州分行

附录三

浙江省非银行支付机构名单

拉卡拉支付股份有限公司浙江分公司

通联支付网络服务股份有限公司浙江分公司

银联商务股份有限公司浙江分公司

易生支付有限公司杭州分公司

乐刷科技有限公司浙江分公司

广州合利宝支付科技有限公司杭州分公司

易宝支付有限公司杭州分公司

资和信电子支付有限公司浙江分公司

开联通网络技术服务有限公司温州分公司

上海杉德支付网络服务发展有限公司杭州分公司

快钱支付清算信息有限公司杭州分公司

新生支付信息技术有限公司杭州分公司

上海盛付通电子支付服务有限公司浙江分公司

商盟商务服务有限公司丽水分公司

裕福网络科技有限公司浙江分公司

平安付科技服务有限公司浙江分公司

平安付电子支付有限公司浙江分公司

中汇电子支付有限公司浙江分公司

北京高汇通商业管理有限公司杭州分公司

迅付信息科技有限公司杭州分公司

银盛支付服务股份有限公司浙江分公司

杉德支付网络服务发展有限公司杭州分公司

The Innovation and Development of
Bank Card Industry in Zhejiang Province
数字时代
浙江省银行卡产业创新和发展报告
（2020）

146

杉德支付网络服务发展有限公司绍兴分公司

杉德支付网络服务发展有限公司嘉兴分公司

杉德支付网络服务发展有限公司金华分公司

重庆市钱宝科技服务有限公司杭州分公司

嘉联支付有限公司浙江分公司

福建国通星驿网络科技有限公司浙江分公司

北京畅捷通支付技术有限公司浙江分公司

北京海科融通支付服务股份有限公司浙江分公司

深圳中付电子支付科技有限公司杭州分公司

现代金融控股（成都）有限公司杭州分公司

上海付费通信息服务有限公司浙江分公司

联动优势电子商务有限公司浙江分公司

北京钱袋宝支付技术有限公司杭州分公司

上海杉德支付网络服务发展有限公司金华分公司

瑞银信支付技术有限公司浙江分公司

付临门支付有限公司浙江分公司

支付宝（中国）网络技术有限公司浙江分公司

卡友支付服务有限公司浙江分公司

财付通支付科技有限公司浙江分公司

顺丰恒通支付有限公司浙江分公司

上海开店宝科技有限公司浙江分公司

联通支付有限公司浙江分公司

上海电银信息技术有限公司杭州分公司

连连银通电子支付有限公司

网易宝有限公司

传化支付有限公司

上海富友支付服务股份有限公司浙江分公司

杭州市民卡有限公司

上海银联电子支付服务有限公司

广州市汇聚支付电子科技有限公司

山东高速信联支付有限公司

快捷通支付服务有限公司

武汉合众易宝科技有限公司

金运通网络支付股份有限公司
宝付网络科技（上海）有限公司
商银信支付服务有限责任公司
天翼电子商务有限公司
北京数码视讯支付技术有限公司
浙江航天电子信息产业有限公司

参考文献

[1] 中华人民共和国国家发展和改革委员会官网，http://www.ndrc.gov.cn/

[2] 国家统计局官网，http://www.stats.gov.cn/

[3] 中国人民银行官网，www.pbc.gov.cn/

[4] 中国金融新闻网，http://www.financialnews.com.cn/

[5] 中国银联股份有限公司官网，http://cn.unionpay.com/

[6] 《中国人民银行办公厅关于进一步加强无证经营支付业务整治工作的通知》，银办发（2017）217 号

[7] 《中国人民银行办公厅关于开展支付安全风险专项排查工作的通知》，银办发（2017）100 号

[8] 《中国人民银行杭州中心支行转发＜中国人民银行关于规范支付创新业务的通知＞的通知》，杭银发（2017）225 号

[9] 《中国人民银行杭州中心支行办公室关于印发＜浙江省移动便民示范工程实施方案＞的通知》，杭银办（2017）157 号

[10]《中国人民银行杭州中心支行支付结算处关于开展"移动支付应用示范县（市、区）"创建工作的通知》，杭银支付（2017）100 号

后记

　　《数字时代：浙江省银行卡产业创新和发展报告(2020)》(以下简称《报告》(2020))终于和大家见面了。回顾 2019 年，尽管世界经济形势复杂多变，尽管国内经济下行压力不断增加，尽管改革攻坚越来越难，但中国经济依然取得世界瞩目的发展。2019 年，浙江省银行卡产业，面对市场竞争的日益严峻，面对信息技术的快速发展，面对用户需求的不断提升，初心不改，创新不断，锐意进取，砥砺前行，谱写了新的历史篇章。

　　金融兴，经济兴；金融稳，经济稳。支付是经济运行主动脉，是金融运行的连接器。银行卡产业作为支付体系中的重要组成部分，贯彻宏观经济金融政策，服务国计民生、服务实体经济；以市场为导向，以用户为中心，创新支付产品，创新服务体系。《报告(2020)》的编写，旨在进一步凝聚产业各方力量，为浙江省银行卡产业的健康发展，为金融支付体系的生态健康，为浙江经济的快速发展，肩负起我们的历史使命和责任担当；旨在全面分析过去一年银行卡产业的创新特点和发展态势，共享经验共谋合作，同时也深刻检查和检讨银行卡产业发展中存在的共性问题、普遍性不足，谋求不断的修正完善；旨在通过分析银行卡产业面临的机会和挑战，共同探索银行卡产业发展的战略目标和实现途径，构建浙江省银行卡产业命运共同体，共同书写银行卡产业的美好未来。

　　《报告(2020)》由环境篇、市场篇、机构篇组成，共十一章。《报告(2020)》对 2019 年宏观经济环境及金融发展，尤其是浙江省经济、金融的发展变化做了简要阐述，深入分析和研判了支付行业发展的新趋势、新特点。《报告(2020)》对 2019 年浙江省银行卡产业发展现状和特点做了全面分析，并从发卡市场、受理市场、移动支付、服务创新、风险防控等多维度做了深入的剖析和解读。尤其是在数字化大趋势下，对浙江银行卡产业的数字化转型中智慧支付、移动支付涌现出来的新特点新举措做了

The Innovation and Development of
Bank Card Industry in Zhejiang Province
数字时代
浙江省银行卡产业创新和发展报告
（2020）

150

全面的介绍和分析，数字化、移动化支付的快速发展，逐步替代传统的支付方式，已经成为不可替代的历史潮流。《报告（2020）》全面分析和阐述了浙江省银行业机构、非银行机构、专业服务机构 2019 年在业务发展和服务创新中的新举措和新方法。

新冠病毒肺炎来势凶猛，疫情蔓延全球，但是复工复产必须有序开展。《报告（2020）》的诞生，就是在这样的环境下，在中国人民银行杭州中心支行领导的高度重视下，在产业各方的积极配合和鼎力相助下，在社会各界的关心和关注下，攻坚克难、加班加点，才能顺利完成，再次深表感谢！特别需要感谢的是我们的编委和所有的参编人员，是你们在疫情期间居家办公，存在诸多不便、诸多困难的情况下，以高度的责任感和使命感，保质保量地完成工作，在此向您和您的家人表示最崇高的敬意！

由于我们水平有限，难免存在疏漏不足之处，望社会各界同仁批评指正，我们将虚心接受、认真学习，不断提高报告质量。

中国银联浙江分公司

2020 年 6 月